U0849947

国家出版基金项目
NATIONAL PUBLICATION FOUNDATION

外人在華投資之過去與現在

高平叔 丁雨山◎著

山西出版傳媒集團
山西人民出版社

圖書在版編目(CIP)數據

外人在華投資之過去與現在 / 高平叔，丁雨山著.
-太原：山西人民出版社，2014.12
(近代名家散佚學術著作叢刊 / 許嘉璐主編)
ISBN 978-7-203-08866-0

Ⅰ. ①中… Ⅱ. ①高… ②丁… Ⅲ. ①外商投資-中國-民國 Ⅳ. ①F832.96

中國版本圖書館CIP數據核字(2014)第289789號

外人在華投資之過去與現在

主　　編　許嘉璐
著　　者　高平叔　丁雨山
責任編輯　張文穎

出 版 者　山西出版傳媒集團·山西人民出版社
地　　址　太原市建設南路21號
郵　　編　030012
發行營銷　0351-4922220　4955996　4956039
　　　　　0351-4922127(傳真)　4956038(郵購)
E-mail　sxskcb@163.com　發行部
　　　　　sxskcb@126.com　總編室
網　　址　www.sxskcb.com

經 銷 者　山西出版傳媒集團·山西人民出版社
承 印 廠　山西出版傳媒集團·山西人民印刷有限責任公司

開　　本　700mm×970mm　1/16
印　　張　5.5
字　　數　62千字
印　　數　1—3000冊
版　　次　2014年12月　第1版
印　　次　2014年12月　第1次印刷
書　　號　ISBN 978-7-203-08866-0
定　　價　12.00圓

《近代名家散佚學術著作叢刊》編委會

總主編　許嘉璐

編委會　王紹培　王繼軍　許石林　李明君
汪高鑫　趙　勇　梁歸智　樊　綱
（按姓氏筆畫排序）

總策劃　越衆文化傳播·南兆旭

出版工作委員會
主　任　李廣潔
副主任　姚　軍　石凌虛
委　員　周　威　梁晉華　徐　勝　顔海琴
張文穎　秦繼華　馮靈芝　張　潔

設計總監　李尚斌
設計製作　王秀玲　何萬峰　歐陽樂天

出版說明

近代名家散佚學術著作叢刊選取一九四九年以後未再刊行之近代名家學術著作共一百二十册，編例如次：

一、本叢書遴選之著作在相關學術領域具有一定的代表性，在學術研究方向、方法上獨具特色。

二、爲避免重新排印時出錯，本叢書原本原貌影印出版。影印之底本皆經專家組審定，原書字體大小，排版格式均未做大的改變，原書之序言、附注皆予保留。

三、本叢書分爲八大類，以作者生卒年編次。

四、爲使叢書體例一致，本叢書前言後記均采用繁體字排版。

五、個别頁碼較少的版本，爲方便裝幀和閲讀，進行了合訂。

六、少數學術著作原書内容有個别破損之處，編者以不改變版本内容爲前提，部分進行修補，難以修復之處保留缺損原狀。

七、原版書中個别錯訛之處，皆照原樣影印，未做修改。

八、所選版本之抽印本頁碼標注，起始至所終頁碼均照原樣影印，未重新編排標注新頁碼。

由於叢書規模較大，不足之處，殷切期待方家指正。

總序／

披沙瀝金，以爲鏡鑒

◇許嘉璐

多年來有一個問題始終在我腦中盤桓：爲什麽在十九世紀末到二十世紀初，在短短的幾十年裏，中國的各個學術領域竟涌現了那麽多大師級的人物？這是中國近代史上一個極爲重要的現象，我認爲，如果不能給出令人滿意的答案，我們撰寫的近代學術史將是不完整的，甚至是缺乏靈魂的。後來我知道，著名人類學家克羅伯曾提出過一個問題：爲什麽天才成群地來？看來這種現象的出現並非中國所獨有，思考其所以然的也大有人在。而在那一次世紀之交中國的情况，似乎應驗了「天才成群地來」這個令克氏久久不解的疑問。錢學森先生曾從相反的方向提出了相同的疑問：爲什麽我們這個時代出現不了杰出人才？後來人們稱這個問題爲「錢學森之謎」。

要回答這些疑問不是件容易的事。與其迅速地囫圇地探尋，不如先多了解那些讓中國近代學術（應該包括人文科學和自然科學）史上閃耀着光輝的大師們的作品和自述，從而在腦海里盡量「復原」他們所處的環境和在那種環境下的心理路徑，從中或許可以得到一些啓示。

有一點是顯然的，這就是他們雖然都已遠離塵世而去，但是他們獨立思考的品性、求知治學的真誠、困厄窮愁中對節操的堅守，恐怕是他們共同的主觀因素，一直影響到現在，而且將會永遠留存下去。

就思想界、學術界而言，二十世紀上半葉是一個新説和舊説碰撞，中學和西學融匯的大時代。那時的學人極爲重視言行操守，同時具備現代知識分子的理想信念；他們的學術研究十分純净，絶少功利因素；他們的視界開闊，以包容的心態和嚴謹的風格造就了成果的大氣與厚重。至於在客觀因素一面，他們實際是在用工業化時代的事實解説着太史公所説的名山之作「大抵聖賢發憤之所爲作」，困厄苦難使得他們「皆意有所鬱結」。這種鬱結，幾乎和個人的名利毫無牽涉，他們永遠不能釋懷的，是民族的存亡、國運的興衰、民衆的福禍和文脈的續斷。

那個時代也是近代歷史上最大規模的中西古今學術調適、創新的時期，學術方法上的交互滲透和融合、創新亦可謂「於斯爲盛」。斯時之學人是要在封閉的屋墻上鑿出窗子的勇士，是使人能够看看外部世界的第一批導夫先路者；或者可以説，他們是在「意有所鬱結」時「彷徨」和「吶喊」的「狂人」。

相對於那時的哲人們，後來者是幸運兒。現在的形勢是，近三十年來學界空前繁榮，衆多學科有了長足之進，其中很重要的一點是學界有了更新穎、更廣闊的國際視野，似乎接續上了百年前的學壇盛事。但細想想，「古」與「今」還是有差别的。其异，主要不在於世界情勢、學術進展、工具改善這些客觀存在，而在於在廣泛吸收各國優長的同時，自身文化的主體性越來越受到重視，换言之，「拿來主義」已經延長了「拿來」的程序，加上了試用、甄别、篩選、吸收、融合、成長。就我孤陋所見，在當今地球上，面向所有異質文明，努力汲取我之所缺，其範圍之大和心態之切，似乎無出中國之右者。從這個角度説，我們已經超越了前輩。但是事情還有另外一面，學術，特别是人文學科，其職業化、「沙龍化」和功利性，以及隨之而來的浮躁病却嚴重了。從這個角度説，是不是我們已經後退得够可以的了？而這是不是我們這個時代出不了大師的原因之一呢？

民國學術界的特點之一是極爲注重對傳統的反省、批判與繼承。他們對傳統文化盡最大的努力進行整理和研究。一方面，由於戰亂頻仍，民不聊生，學者們擔起了讓中華文化薪火相傳的歷史責任；另一方面，他們要通過對中國傳統文化的整理、挖掘來重振民族自信心。這一時期對傳統文化進行整理的全面而深入是前所未有的，舉凡文字學、語言學、經濟學、法學、哲學、政治制度、書法繪畫、金石學……規模之宏大，研究之精微，令人嘆爲觀止。

民國學術推動了現代學科體系的建立。在對傳統文化整理和研究的基礎上，吸收西方的文化思想和理念，推動和建立了中國現代學科體系。例如，在對語言文字和音韵學成果進行整理、研究的基礎上開始着手規範之，建立了國語學；深入研究書法、國畫，將其融入了現代美術學科；在廢除舊有學制後逐步建立起小、中、大學較完整的科目和學科體系。

民國學術也改變了傳統學術方式，建立了新的研究範式。以現代科學考古爲發端，科研的實踐和成果使中國知識界真正認識到在實驗、比較基礎上的邏輯分析對學術研究的重要，推進了中國學術的一大演變。至於我們常説的打破士大夫傳統、走出書齋到田野鄉村和市民中進行調查研究、結束了經學時代、以歷史眼光檢視儒學和諸子等等，都是確立新學術範式的努力。這一轉變，也標誌着中國學術界脱胎换骨，全面進入了現代，爲此後的學術發展奠定了堅實的基礎。當然，西方啓蒙運動以來，在「現代性」和「現代化」裏潛伏着的缺陷和謬誤也傳到了中國，這些不能不在前哲的著作裏留下痕迹。這並不奇怪。類似的情况，古往今來孰能免之？猶如今天的我們，誰敢自稱我之所見就是永恒的真理？在這個問題上兩個時代所異者，或許就在昔時大家創立新説或譯註西學著作，往往是懷着對學術和前哲的敬畏而爲之，故而常常誤不在我；當今則往往出於對學問和他人的輕蔑，或以所研究的對象爲謀己的工具，因而難辭主觀之咎吧。翻閲他們的心血之作，這些復雜的狀況可以顯見，可以視之爲我們的一面鏡子。

滄海桑田，世事變幻，歷史的動盪和時代的遮蔽，使當年許多大師的一些極有價值的學術著作被棄於故紙堆中，不能不令人有遺珠之憾。爲此，山西人民出版社不惜以數年之艱辛，披沙瀝金，編輯出版這套近代名家散佚學術著作叢刊，凡一百二十册，計文學、史學、政治與法律、美學與文藝理論、民族風俗、宗教與哲學、經濟、語言文獻共八大類別。所選皆爲作者之純學術著作，無論是其見解、精神，抑或是其時代烙印，都是後輩學人可資借鑒的寶貴財富。他們出版這套叢書，意在讓世人不忘來程，知篳路藍縷之不易，爲民族文化的傳承再增薪木。

出版社的初衷，與我近年來所思所慮近似，故願略述淺見於書端，以與策劃者、編輯者和讀者共勉。

二〇一四年七月六日
改定於自安東回京途中

前言／精神、历史与事实

◇樊綱

中國古代不乏有趣和重要的經濟思想，但是就形成知識體係的理論或「學説」而言，中國現代經濟學的發展是從嚴復一九〇一年引進翻譯出版英國人亞當·斯密的國富論（一七七六）（當時譯爲原富）開始的。就是説，是從學習西方開始的。也屬於一個落後國家學習與追趕發達國家過程的一個組成部分。

從原富出版（以至更早時期天演論的翻譯和出版），到辛亥革命前後至五四運動時期，中國應該説是發生了第一次思想解放的進程，也就是中國的啓蒙運動，學習研究西方發達國家的科學技術、政治社會理論和人文思想，進入了一個新的時期。在大約半個世紀的時間裏，「大師」成批地出現，進入了一個學術研究的繁榮時期。除了大量翻譯西方的著作，中國人自己的經濟學研究力量也逐步形成，並逐步運用現代的理論和方法，來研究中國的社會、中國的經濟，用現代方法進行的實地調查研究，也多有發生。雖然有連續不斷的内戰和抗日戰爭，學術研究却仍在繼續，陸續出版了許多專著和論文。我們這些在「文化大革命」後才進入學術領域的後人經常會好奇：那麼一個戰亂的時代，那些前輩怎麼還在做研究？怎麼還能做研究？每當看到一本那個時代出版的泛黄的「故紙」，一定是仰慕之情油然而生。

也許正是因爲戰亂，因爲當時的落後與貧窮，許多著作出版了，又散落了。有的没有得到應有的傳播，有的研究被打斷，無法産生大的影響。現在山西人民出版社將一些不大爲人所知和没有再印的散佚經濟學著作收集出版，既是拯救，也是發揚。用現在的眼光看，有的著作也許「淺顯」，但這些著作的價值和從中我們可以學到的，其實首先在於以下的一些東西：第一是精神，那種不求世俗功利，出自好奇心在亂世中探索真理的風骨；第二是歷史，我們中國人的思想史，我們現在學的這些東西是如何從外面舶來而在中國的土壤上生根和發展的；第三是事實，是那一輩學者在艱苦的環境下記録下來的當時和以往的事件與史料，這些已經不可復得，但却是我們在研究近現代中國經濟發展的整個進程時不可或缺的。

一代人有一代人的使命，也有一代人的局限。翻閲古籍，令我們思考我們能爲這個國家、這個民族、這個世界留下哪些遺産，我們的後輩將如何評價我們？

二〇一四年八月二十一日寫於深圳

作者簡介

高平叔（一九一三年—一九九八年），原名乃同，漢族，江西都昌人。經濟學家、中國近代史專家、蔡元培研究專家。他是國際經濟研究所（現商務部研究院）創始人，在國際經濟及對外貿易方面，著譯頗爲豐碩，尤在蔡元培研究方面用力最勤、成績最多、影響最大。

丁雨山，生平不詳。

筆者敘言

我們爲便於研究戰後利用外資的各項問題，先做了一個「温故」的工作。我們將戰前與戰時外人在華投資的資料，盡可能收集得到的加以整理，我們並且繼續雷麥先生（C. F. Remer）一九三一年的估計，作了一個截至一九三七年的即截至抗戰發生以前的外人在華投資的估計。雖則這個估計的方法與估計的結果尚有待於研討，但卻費了我們不少的功夫。

關於戰時的方面，一則目前的資料既不許可作出與戰前同樣的估計，再則戰爭尚在延續之中，尚未至結束階段，目前也並沒有加以估計的必要，因此我們僅就各國投資的情況，略加說明，姑俟戰爭勝利後再行改作。

本書成於半年以前，中間多次改作。併承林維英，吳半農兩先生細閱一過，多所指正，如本書尚有稍值一顧之處，皆出他們兩位之力；但所有舛誤，仍由筆者負責。至於戰後的部份，已由平叔撰著「利用外資問題」一書（商務印書館出版）可供參考。

本書自當繼續補充，漸求充實。至希讀者不吝指正。

筆者　三二、十一、一。於重慶

外人在華投資之過去與現在　目次

外人在華投資之過去與現在

上篇　戰前外人在華之投資

一　概述

戰前外人在華投資的研究，較爲完備的，要算美國雷麥(C. F. Remer)和日本樋口弘兩人，樋口弘氏每把日人在華投資的數字估計得太小；美國政府和日本政府所發表的數字也往往不甚可靠，我們這裏還是採取雷麥的估計作根據，至於一九三一年以後雷麥所未曾估計到的數字，則由筆者按照歷年各國在華投資增減的趨勢，重新擬訂一個修正的估計。

按照雷麥的估計，一九三一年以前，外人在華投資的數量分配，大致如左：

一九〇二年一九一四年及一九三一年各國在華投資百分比

國別	一九〇二年 百萬美金	一九〇二年 百分比	一九一四年 百萬美金	一九一四年 百分比	一九三一年 百萬美金	一九三一年 百分比
英國	二六〇・三	三三・〇	六〇七・五	三七・七	一、一八九・二	三六・七
日本	一・〇	〇・一	二一九・六	一三・六	一、一三六・九	三五・一
俄國	二四六・五	三一・三	二六九・三	一六・七	二七三・二	八・四

美國	一九‧七	二‧五	四九‧三	三‧一	一九六‧八	六‧一
法國	九一‧一	一一‧六	一七一‧四	一〇‧七	一九二‧四	五‧九
德國	一六四‧三	二〇‧九	二六三‧六	一六‧四	八七‧〇	二‧七
比利時	四‧四	〇‧六	二二‧九	一‧四	八九‧〇	二‧七
荷蘭	—	—	—	—	二八‧七	〇‧九
意大利	—	—	—	—	四六‧四	一‧四
北歐諸國	—	—	—	—	二‧九	〇‧一
其他	〇‧六	〇‧〇	六‧七	〇‧四	—	—
合計	七八七‧九	一〇〇‧〇	一、六一〇‧三	一〇〇‧〇	三、二四二‧五	一〇〇‧〇

（材料來源）C. F. Remer: Foreign Investment in China

（附註）據中國國民經濟研究所的「日本對滬投資」一書序中所載：一九三四年英國在華投資爲一、二〇二百萬美元，佔總額百分之三四，日本在華投資爲一、四一〇百萬美元，佔總額百分之四〇。

據雷麥估計，在華投資的國家中，無論是企業投資，或是政府借欵，在一九三一年之前，都是以英國爲最多；德、俄兩國的投資是開始在中日戰爭以後，到一九〇二年時，卻也成爲中國的重要投資者。當時外人在華投資，英國佔百分之三三，俄國佔百分之三一‧三，德國佔百分之二〇‧九，其餘各國所佔比例均甚小。

到了一九一四年第一次世界大戰時，各國在華的投資，仍以英國居首位，這一時期，德、俄、日、法四國在華投資的地位可說是不相上下，從增進的速度看來，日本是突飛猛進，一九〇二年時尚是一無所有，但至一九一四年，竟驟增至佔總額百分之一三・六，進展之速，殊足驚人。

一九三一年是「九一八」事變的一年，這時候各國在華投資的情形起了變化，日本在華投資壓倒了其他國家而僅次於英國，並且和英國的差異極小，其他各國在華的投資均未能超過總額十分之一，俄、美、法三國的地位大致相等，此外各國則小得無足輕重。此時英國在華投資佔百分之三六・七，較一九一四年減少了百分之一；而日本在華的投資這時候已達到了百分之三五・一。就投資金額而論，較一九一四年增加有五倍之多，其次是美國增加有四倍之多，德國的數字則大為減少。

依雷麥估計，在一九三一年時，外人在華投資的總數約在美金三、二四二百萬元，加上遺漏的數字，總額約為美金三、三〇〇百萬元。在一九一四年即上次世界大戰之初，外人在華投資總額僅有美金一、六一〇百萬元；若更溯至一九〇二年，則外人在華投資總額為美金七八七・九百萬元，可見外人在華投資總額，從拳匪之亂到第一次世界大戰增加了一倍，自第一次世界大戰到「九一八」事變又大致增加了一倍。

因此，我們研究各國在華投資中一九三七年的數字，首先就已往的投資趨勢加以觀察；然後再參考其他已發表的數字予以修正。如若以一九一四年投資數作基期，把歷年各國在華投資數製成指數，即可見外人歷年在華投資的增減變化有如左列：

各國歷年在華投資指數（以一九一四年為基期）

國別	一九〇二年	一九一四年	一九三一年	一九三四年
英國	四二・八	一〇〇・〇	一九五・八	一九七・七
日本	〇・五	一〇〇・〇	五一七・七	六四一・四
俄國	九一・五	一〇〇・〇	一〇一・四	
美國	四〇・〇	一〇〇・〇	三九九・〇	
法國	五三・二	一〇〇・〇	一一二・三	
德國	六二・三	一〇〇・〇	三三・〇	
比利時	一九・二	一〇〇・〇	三八八・六	
荷蘭	—	—	—	
意大利	—	—	—	
北歐諸國	—	—	—	
其他	—	—	—	
合計	四八・八	一〇〇・〇	二〇一・四	二一九・〇

（附註）一九〇二年一九一四年及一九三一年見C. F. Remer: Foreign Investment in China，一九三四年見中國國民經濟研究所的日本對滬投資。

從這裏我們打算估計出在盧溝橋事變前外人在華投資的總額，這個數字，從一九〇二年到一九一四年是間隔了十二年，增加了一倍；從一九一四年到一九三一年間隔了十七年，大致又增加了一倍多一點；從一九三一年到一九三七年中間間隔了六年，按比例計算，外人在華投資的總額應該增加三分之一至二分之一，我們這裏姑且酌定爲增加三分之一強，因爲這幾年日本獨佔了東北四省，並且在中國極力排斥其他各國的資本勢力，而它本身又原祇是一個先天不足的冒險國家，所以增加的總額不致於怎樣的大。

二　外人在華投資之估計

現在我們進而分別各國來討論它們在一九三一年以後在華投資的變動情形，酌量估定它們戰前一九三七年時在華投資的數額。

一、英國　英國歷年在華投資，所佔的比例最大，自一九〇二年至一九一四年增加一倍有奇，但自一九一四年至一九三一年則所增不足一倍，故自一九三一年至一九三七年中間僅相隔六年，按此趨勢，我們酌估其增加的比例約合一九三一年的四分之一，亦即英國在「七七」事變前在華投資額約合美金一、四八六．五百萬元。根據英國海軍大將烏斯朋(C. V. Usborne)的估計，「七七」事變前夜英國在華投資額祇有二四〇．四百萬鎊，而財政與商業雜誌(The Finance & Commerce)則估計爲三〇〇百萬鎊。（均見許滌新的『列強在華經濟力量的消長』羣衆週刊第八卷四期。筆者曾函許滌新先生詢問材料來源，據復：（1）烏斯朋的估計係轉錄上海中美日報，時間大約在第二次世界大戰爆發以後；（2）財政與商業雜誌係上海出版，所引材料係轉錄谷春帆主編之社會經濟月報。依烏斯朋的估計約合美金一、二二〇百萬元；依財政與商業雜誌的估計則約合美金一、五〇〇百萬元。因此我們按其歷年趨勢，先假定一九三七年約較一九三一年增加四分之一，亦即約合美金一、四八六·五百萬元，與財政與商業雜誌所載的數字實極為接近。

二、日本　日本在華投資，在第一次世界大戰以前，為數原甚微小，但在第一次大戰時期，日本帝國主義乘列強無暇東顧，大量向中國投資，至一九三一年時已較一九一四年增加四倍有奇，自一九三一年至一九三七年六年間，按一貫的增加趨勢而論，此一時期，日本在華投資最速可以增加一倍到兩倍。惟日本在這期間，在國內作軍備的擴充，資力上已達到臨界限度，故假定其在華投資，在一九三七年較一九三一年增加的數字達不到一倍（按照一般的估計大致都是這樣）。關於此項估計，除參酌已在增加趨勢而外，我們並且參考下列最高與最低兩種估計，採取一個折中的數字，作為確定的估計。

甲、據許滌新的「列強在華經濟力量的消長」一文所載，自一九三一年至「七七」事變前一年，日本在華投資，在東北增加十一萬二千餘萬元。更據天津益世報一九三五年三月三日發表估計，日本自一九三一年以至發表估計時的新投資，在華北共達七萬三千三百萬元，在華南共達三萬九千三百萬元，合計起來，新增投資為二十二萬二千六百萬元；但益世報的估計僅至一九三五年春，由一九三五年至一九三七年的投資數尚未計入，我們假定日本在華投資在這一時期中又按二十二萬二千六百萬元再增加二分之一，亦即三十三萬三千九百萬元，約合一、一一三百萬美元（按國幣三元合美金一元折算）。把這個數字和雷麥從前估計的數字合併起來，則日本在「七七」事變以前在華投資約合二、二四九•九百萬美元。

乙、據美國摩爾頓分析日本對華投資（參考吳永福的日本對東北投資的研究，廣東省銀行季刊二卷一二期），一九一三年爲四四五百萬日圓，一九一九年爲七一八百萬日圓，合共一、一六三百萬日圓•摩爾頓並指出一九一九年至一九二九年十年中日本海外投資的總額是二、二六二百萬日圓，對華投資則是一、八九一百萬日圓，實佔總投資額的百分之八十四•同時日本大藏省發表的貿易外國際收支平衡表，載有一九三二年至一九三六年五年中日本海外投資總額爲一、九四二百萬日圓，在這十九億圓中就有百分之八十六大約十五億圓是對於東北一地的投資。更據樋口弘歸納各種材料，估計截至一九三六年底爲止日本在海外投資的總額，除開對沙俄貸款，對北庫頁島的投資及零星財產以外，總共是五、三〇〇百萬日圓（見樋口弘的日本之對支投資研究），其中對中國東北投資約達三、〇〇〇百萬日圓，對中國其他各地投資共約一、五八〇百萬日圓，對華投資共計是四、五八〇百萬日圓，佔日本對外投資總額百分之八十六。

以上兩種材料，甲種是最高的估計，乙種是最低的估計，按照最高估計的結果，日本在「七七」事變以前在華投資應爲二、二七三•八百萬美元；如果按照最低估計的結果，則日本在「七七」事變以前在華投資應爲四、五八〇百萬日圓，即折合約一、五二七百萬美元。

我們現在姑且以上述兩個數目折中計算，其結果實約合一、八八八・五百萬美元，此數較一九三一年的估計增加三分之二弱。

三、美國　美國在華的投資，自第一次大戰後亦呈猛進的姿態，在增加速度上僅亞於日本。據美國遠東經濟調查團報告，謂一九三五年美國在中國本部的投資祇有二萬萬美元，實際上並不止此數，一九三一年雷麥估計就已經列為一九六・八百萬美元；九一八事變以後，美國在東北各省的投資固然有一些撤退，但在中國本部投資的增加並未受到挫折；以借款而論，自一九三一年後美國對華借款，有棉麥借款五千萬美元，航空公司三千萬美元，公路建設借款一千五百萬美元，航空製造廠借款四百萬美元，這些都是在「七七」事變以前所舉借的，即此四項已將近一萬萬美元，再加上雷麥所估計的數字，總額約達二萬萬九千餘萬美元。當然在企業投資的區域上較以前有一些變更，借款也有一些償付；但是在一九三七年把美國在華投資估計着較一九三一年增加二分之一，即約合二九五・二百萬美元，這數字還不致差錯得太大，即就美國關務部的估計在一九三七年美國在華的投資尚列為二四〇百萬美元，其官方發表的數字較實際數額略小，卻也是意料中事。

四、俄國　俄國在歐戰以前，原亦為在華主要投資國之一，在一九一四年一九三一年均略有增加，但增加的速度極慢。自蘇維埃政府成立以後，蘇聯除中東鐵路之外，在華投資極少，並且一九三一年蘇聯把中東路賣給日本，所以這個數目我們還須按俄國的投資額剔除，撥給日本。（我們認為上面的日本在華投資估計已經包括了中東路的投資，不再另行加列）。同時，一九三七年距一九三一年僅六年，我們估計時仍按雷麥一九三一年估計的數字二七三・二百萬美元減去中東路投資四一〇・三百萬盧布（當時約合國幣四一〇・三百萬元，即約合一三六・八百萬美元）・即一九三七年時蘇聯在華投資約餘一三六・四百萬美元。

五、德國　德國在華投資，白魯黑（Kurt Bloch）在其「德國在遠東之權益與政策」（German Interests & Policies in the Far East）一書中曾作詳細的估計，但其估計的數字與雷麥所估計的數字大相逕庭：第一次大戰之前，德國在華的經濟權益係逐年發展，以山東省為其勢力範圍，力圖與英俄競爭，北毗東山省，與俄國勢力範圍相連接，南毗長江流域與英國勢力範圍相連接，此種情況，雷麥與白魯黑的意見固屬一致。可是依照白魯黑的估計，第一次大戰前德國在華的投資除去庚欵不計，已達十萬萬馬克之多；而雷麥的估計，在一九一四年時，德國在華投資僅有二六三・六百萬美元，實已較白魯黑估計的為小。至於一九三一年數字，兩人的估計相去益遠，雷麥認為德國自歐戰以後，經濟衰落，在華投資大為縮減，雖直至一九三一年，德國在華投資數亦當不出八七百萬美元；白魯黑所得的結果卻適得其反，白魯黑認為德國在第一次大戰之後，處境特殊，在一九一四年至一九二二年間，德國在華投資雖有停滯與退縮的現象，但自一九二二年以後，德國已入復興貿易政策階級，此時德國以膨脹方法建設國內，以道威斯計劃應付戰債，一九二四年時經濟秩序已漸復原，在一九二三至一九三一年八年之中，德國對遠東貿易大增，以輸入計算，中國實居於首位，日本次之，這一時期中國已成為德國的大市場，至一九三一年德國在中國的投資大增，約達三、六五〇百萬馬克，這個數字與雷麥的估計要相差十多倍，我們猜想：許是雷麥當年的估計把馬克折成美金時是按時價計算，故結果數字甚小，蓋戰後的馬克有一時期幾乎一文不值，而新馬克制的頒行亦已較戰前馬克價值爲小，兩人估計之所以不同，單位不同或者是一個主要的原因。不過白魯黑曾在中國任全國經濟委員會財政經濟顧問，在德國任經濟調查委員會特種顧問，對兩國經濟政策知之較詳；且此書係應太平洋國際學會之囑而作，經多方批評商討始行付印，必有其立論基礎。因此我們對於戰前德國在華投資卽以白魯黑的估計作爲根據。

據白魯黑的意見，德國在一九三二年至一九三七年對外貿易政策是多方面的，此時德國在歐洲已獲得新的均勢，對遠東的政策也特別加強，當一九三七年九月德國經濟部長沙赫特(Dr. Schacht)歡迎中國財政部孔祥熙部長商談中德友好關係與經濟合作時，同時派遣代表諾爾(Dr. Knoll)赴「僞滿」與僞滿政府強調德日「滿」友好關係及經濟合作的必要，可見德國此時在遠東多方面尋求經濟與國，毫無友敵之分，對中國採取易貨政策，而對「僞滿」則採取特別補償馬克方法，此種多方面政策的結果，在華投資在一九三七年復達十萬萬馬克之多，按一馬克折合法幣九角計算爲九萬萬元更折爲美金，則一九三七年德國在華投資約合三〇〇百萬美元。

六、法國　法國在華投資，在一九三一年以前亦逐年增加，惟增加的速度甚小，一九一四年的數字與一九三一年的數字相比較爲一〇〇比一一二。自九一八事變之後，東北各省的外人投資遭受日人排斥，且一九三一年距一九三七年僅六年，故估計時仍按一九三一年的數字列入，未予增減。

七、比利時　比利時在華投資的數額，因其歷年增加的趨勢尙速，估計時與美國的增加速度相同，酌定一九三七年較一九三一年增加二分之一。

八、荷蘭、意大利及北歐諸國　荷蘭、意大利及北歐諸國俱係一九三一年始見在華投資數字，已往情形不詳，姑均按一九三一年數字列入。

根據上面個別的觀察，以及外人在中國投資總趨勢的測度，我們可以大致描畫出一九三七年外人在華投資的輪廓，製出一個新的估計表如左：

一九三七年各國在華投資百分比

國別	一九三七年 百萬美金	一九三七年 百分比	一九三一年 百萬美金	一九三一年 百分比	一九三七年與一九三一年比較
英國	一、四八六・五	三二・九七	一、一八九・二	三六・七	增四分之一
日本	一、八八八・五	四一・八〇	一、一三六・九	三五・一	增三分之二弱
蘇聯	一三六・四	三・〇三	二七三・二	八・四	減二分之一强
美國	二九五・二	六・五四	一九六・八	六・一	增二分之一
法國	一九二・四	四・二七	一九二・四	五・九	無增減
德國	三〇〇・〇	六・六五	八七・〇	二・七	增二又二分之一弱
比利時	一三三・五	二・九七	八九・〇	二・七	增二分之一

荷蘭	二八・七	〇・六四	二八・七	〇・九	無增減
意大利	四六・四	一・〇四	四六・四	一・四	無增減
北歐諸國	二・九	〇・〇六	二・九	〇・一	無增減
其他					
合計	四、五一〇・五	一〇〇・〇〇	三、二四二・五	一〇〇・〇	增三分之一強

上表總數的合計，祇已在歷年外人在華投資增進的趨勢酌定為較一九三一年增加三分之一強，在目前尚無確實資料可作參考或證明，但與表內估計的英美日德諸重要投資國在華投資增減的情形合併觀察，此數字尚可符合。

這張表的主要估計方法，是按照歷年長期趨勢向下推測，參照其他數字或可能發生的影響加以修正，方法上自大有商討的餘地，但因限於材料，暫時只得如此估計。尤其日本在一九三一年至一九三七年六年間在華的投資，現估計為增加三分之二弱，也許失之過高，且對總額上的影響亦甚大。一九三七年日本在華的投資，據樋口弘在支那經濟年報發表的數字，謂不足十二萬萬日圓，亦即僅合美金四萬萬元，與筆者所估計的數字相差太遠；但日本人的估計，向例將日人在華投資數字故意低貶，例如日人嘉治隆一在其「日本文化概覽」一書中所列數字，一九三〇年日本在華投資僅有二六百萬英鎊；但據亞刀山大拉多(Alexander Rado)存其世界政治經濟地圖上的估計，則為日人在華投資一九三〇年即有二〇〇百萬英鎊，相差有七八倍之多，此數字自以拉多的估計較為可靠，亦與雷麥的估計相近。故本文一九三七年日本在華投資數目與樋口弘的估計相差五六倍自亦不足為異，依據日本對華投資的侵略性的豪賭方式而論，一九三七年較一九三一年數字增大兩倍亦未嘗不可能，但目前尚無實際根據，無以論斷，僅作如此揣測，以待補充與證明。

從上面我們估計的這張表裏面，可以看出歷年各國在華投資的消長情形，自一九〇二年以來，在華投資的各強國中，以英國居第一位，俄國次之，德國更次之，法美兩國在華的投資均不甚大，其餘各國則不足細述。但是到了一九一四年，英國雖仍居首位，俄國仍居次一位，而德日在華的投資都增加得很快，已漸與俄國不相上下。至一九三一年，英國仍居於第一位，日本則由第四位一躍而居於第二位，美國亦由第第六位躍而居於第四位，俄法兩國的進展固甚緩慢，而德國在華投資的地位則大降，比利時在這時候已經超過了德國。至一九三七年「七七」事變以前，則中國資本市場已由日本稱霸，英國以歷史悠久根深蒂固尚能維持在第二把交椅上，而美國和德國則急起直追，已躍居第三四位，蘇聯自中東路出讓與日本已退步到和比利時相等，較法國猶有遜色，其餘各國合計共佔總額不足二十分之一，尤不足細論。

至於各強國歷年在華投資的縱的趨勢，我們試以一九一四年為基期，看各國歷年在華投資的指數，因為一九一四年是第一次世界大戰發生的一年，所以定這一年做基期並且可以看出戰爭對於外人在華投資的影響，製表如下：

一九〇二年一九一四年一九三一年及一九三七年各主要國家在華投資比較（一九一四年投資數等於一〇〇）

國別	一九〇二年	一九一四年	一九三一年	一九三七年
英國	四二・八	一〇〇・〇	一九五・八	二四四・七
日本	〇・五	一〇〇・〇	五一七・七	七五〇・〇
俄國	九一・二	一〇〇・〇	一〇一・四	五〇・六
美國	四〇・〇	一〇〇・〇	三九九・〇	五九八・八
法國	五三・二	一〇〇・〇	一一二・三	一一二・三
德國	六二・三	一〇〇・〇	三三・〇	一一三・八
合計（所有投資國家在內）	四八・九	一〇〇・〇	二〇一・四	二八〇・一

（附註）一九二〇年一九一四年及一九三一年係根據雷麥估計，一九三七年則係筆者所估計

從上表可以看出在華投資各國資本增加的速度，如以一九一四年度爲基期，則一九三一年的指數爲二〇一・四，能達此標準的祇有日本和美國，英國距這個標準還差一點，可見此後一定會是日本跑得最快，美國次之，英國又次之。根據這樣一個趨勢，我們估計了一九三七年的數字，結果所得的比值是一九三七年的總比值數爲二八〇・一，能達到這個標準的還是只有日本和美國，英國次之，其餘各國距增加的水準皆甚遠。

中國在全世界資本市場上所佔的地位並不算重要，資力雄厚的國家如像英國和美國在中國的投資都祇佔到他們在世界上投資總數的百分之二至百分之六而已，祇有已往的俄國和後來的日本在華

的投資額在他們對外投資額中佔一個極大的比例，這都是因爲當時在政治上有着特殊的原因。自第一次世界大戰以後，世界上資本發達的國家，除英美兩國而外，荷蘭、瑞士、比利時等國均爲新興的國家，但它們還沒有在中國大量投資，以日本爲例，日本的地面不及中國三十分之一，外人在日的投資卻達在華投資的五分之三。英美均爲世界上資本最雄厚的國家，但英國在華投資不及其對外投資的百分之六，美國在華投資則尙不及其對外投資的百分之四•五；而且「七七」事變前後，由於日本在華排斥其他國家的投資勢力，英美兩國在華的投資地位並已有逐漸降落的趨勢。

在華投資各國中，最値得注意的是日本，日本在上次世界大戰以後，雖則依然是債務國，但它在中國的投資卻日益增大，一九一三年日本在華投資已佔其對外投資三分之二，到了一九三〇年則其在華投資竟達其對外投資總額百分之九十五。日本對華投資，在「七七」事變以前，每年均有增加，幾乎是以中國爲其唯一的投資的對象，誠所謂傾家蕩產孤注一擲式的投資。茲將拉多的各國對外投資及對華投資比較表，摘錄於次，以供參考：

各國對外投資於對華投資比較（單位：百萬英鎊）

國別	一九一三年			一九三〇年		
	對外投資總額	對華投資額	佔總額百分數	對外投資總額	對華投資額	佔總數百分數
英國	三、七〇〇	一二〇	三•二四	三、七〇〇	二二〇	五•九五
法國	一、六〇〇	四〇	二•五〇	七三〇	四〇	五•四八

美國	五〇〇			二、六〇〇	三〇	一•一五
日本	六〇	四〇	六六•六七	二〇〇	一九〇	九五•〇〇
俄國	六〇	五〇	八三•三三			
德國	一、二〇〇	五〇	四•一七	二三〇		
荷蘭	四〇〇			五四〇		
瑞士	二六〇			四一〇		
比利時	二〇〇			三一〇		
加拿大				二〇〇		
瑞典				一〇〇		
西班牙				八〇		
合計	七、九八〇	三〇〇	三•七六	九、一〇〇	四八〇	五•二七

（附註）見 Alexander Rado: The Atlas of Today & Tomorrow

三　外人在華投資之範圍

現在我們進而分析外人在華投資的範圍。

依雷麥估計，外人在華投資的範圍，可分政府、運輸、郵電及公共事業、鑛業、工業、銀行金融業、地產、進出口貿易、雜項九類，其中以運輸業居第一位，佔百分之二六•一，進出口貿易次之，佔百分之一四・九，政府借款又次之，佔百分之一三・二，工業及地產又次之，佔百分之一一・六及百分之一〇・五，其餘各項均在百分之十以下，其情況有如下表：

一九三一年外人在華投資範圍

類別	以百萬美金爲單位	百分比
政府	四二七・七	一三・二
運輸	八四六・三	二六・一
郵電及公共事業	一二八・七	四・〇
鑛業	一二八・九	四・〇
工業	三七六・三	一一・六
銀行金融業	二一四・七	六・六
地產	三三九・二	一〇・五
進出口貿易	四八三・七	一四・九
雜項	二九七・〇	九・一
總計	三、二四二・五	一〇〇・〇

（附註）C. F.Remer 同前書。

茲就其重要者，如一、政府外債，二、航業，三、鐵路，四、電訊，五、鑛業，六、工業，七、銀行金融業，八、進出口貿易等項，分別加以敍述。

一、政府外債　由於列強對中國武力侵略與經濟侵略，國民經濟陷於凋敝窮困，每次戰敗所勒索的鉅額賠欵，無以無欵可賠而舉債以償，一八六五年中俄伊犂條約承認賠償俄國損失九百萬盧布，以籌欵無着，轉向英倫銀行借債一、四三一、六六四鎊，先行賠給俄國，此爲中國舉借外債的起始。此後中國政府每遇財政枯竭，無論其條件如何苛刻，如指定擔保品，聲明債權國的優先權，劃定勢力範圍，承認管理權及各種特權，以及限制債賠各欵存入外國銀行，甚至含有政治作用，均不得不舉借外債以苟延殘喘，據統計，截至一九三一年所借外債，略如下表：

截至一九三一年所借外債一覽表

債款	中央外債	各省外債	合計
銀元	一、八〇〇、三八四、四四一	二九、〇五〇、〇〇〇	一、八二九、四三四、四四一
銀兩	三七、八九二、九六一	二二、六六一、五〇〇	六〇、五五四、四六一
關銀兩	一〇、〇〇〇、〇〇〇		一〇、〇〇〇、〇〇〇
日圓	四四五、二七九、四五三	六一、五八六、五〇〇	五〇六、八六五、九五三
英鎊	一一九、八四七、四〇一	四、三〇〇、〇〇〇	一二四、一四七、四〇一
法郎	八四〇、九九一、五二三		八四〇、九九一、五二三
馬克	一一、九八一、二八五	一一、二〇〇、〇〇〇	二三、一八一、二八五

（材料來源）古棣：現代中國及其教育

上表所列，雖包括業已清償的外債，但不難由此窺見政府所舉外債的大概，如以對華債權國加以比較，則可以一九二九年爲例：

一九二九年對華債權國比較

債權國	債額（單位：千元）
日本	五一一、八二四
英國	四六一、五〇五
俄國	二九〇、六〇五
法國	二三一、四八八
德國	一七九、二八一
美國	一二七、二六〇
意大利	一二三、〇一三
比利時	一〇八、八一三
荷蘭	六、六七九
丹麥	四、一六二
其他各國	一、九二五
合計	二、〇四六、五五五

（材料來源）古楳：同前書。

關於外債的舉借，列強最初認爲借欵予中國築路建鑛，有同於武力的伸張，故在淸末籌辦實業時，俄法各國紛紛向中國兜攬放債，實卽競相爭逐以伸展勢力。民國以後，軍閥政客亦不惜以此求助外人，如袁世凱的臨時政府成立之初，入不敷出，唯一來源，靠借外債，例如一九一三年向英法德日俄五國銀行團借欵二千五百萬鎊，名爲善後借欵，條件既苛，用途不明，且未經國會通過，「利息五釐，折扣八四，而又監督財政，干涉鹽務」，致引起國會議員的質問，實則此種外債已與賣國欵項無異。

袁世凱被推翻後，歷屆執政者對於外債仍不能善爲利用，例如段祺瑞自平定復辟之後，大事舉債，但所借的外債多用以培植自己的實力，用途亦多不明，國會議員又提出質問：「政府一年以來所募外債達一萬萬以上；而成於最近兩三月者爲最多，或曰推廣電報及無線電借欵，或曰水災借欵，或曰會吉路借欵，或曰軍器借欵，或曰森林借欵，或曰金幣借欵，名目繁多，不可枚舉，究竟此等借欵是否一一皆由國務上之必要，而生財政上之不足？而借得之欵，皆確實支用於其名目之下？以議員等所聞則名此而實彼者居多，而當事者之暗昧蔑裂，且至有爲債權國國人所齒冷者，在政府之每一借欵俱無具體之宣示，又無預算之編制可以稽考，則不盡不實之嫌，當然無可逃避」。

這一段話把當時舉借外債的黑暗宣露無遺，在北伐以前，外人對中國的借債投資並沒有能幫助中國的建設得到什麼發展，並且加重了中國政治上的紊亂，因爲這些借欵事實上有同於國際間的政治津貼，這種政治津貼的最後負担者仍然是中國本國的人民。所以戰前所借的外債，可說是害多利少。

二、航業　自一八四二年中英江寧條約准許英國人民得在廣州、福州、廈門、寧波、上海五處通商以後，即已默認英國船隻自由航行於五口之間，一八四四年中法黃埔協定則明白承認「所有法蘭西船在五口停泊，貿易往來均聽其便」。中英天津條約又規定「長江一帶各口英商船隻俱可通商」。中日馬關條約則進一步允許日本輪船得「駛入吳淞口及運河以至蘇州府杭州府」。自此以後，中國沿江沿海內河港灣，外輪均得以任意航駛，直接壓迫中國航業不能自由發展，間接使其剩餘商品運銷於中國內地，以加緊其經濟侵略的深入，從一九三四年的數字看出列強在華航業勢力是如何的雄厚。

在華外商輪船公司及噸數（一九三四年）

公司名	總噸數	淨噸數
英輪		
太古輪船公司	一三〇、三〇一	九〇、三九二
怡和輪船公司	八〇、七九四	五五、二五三
祥泰木行輪船部	一、七二四	一、〇二一
亞細亞火油公司	五、三七八	三、五七三
賓賜洋行	—	一八、四四三
開灤礦務局	—	四三、六二〇
匯德豐洋行	—	四九二
其他英商經理之重要輪船	—	二八、八三五

日輪		
日清汽船會社	三九、〇四五	二四、五七七
大阪商船會社	七、六七三	四、七〇四
大連汽船會社	三四、八五九	二五、〇九三
三井洋行	—	三、二七四
昭和汽船會社	一、二二〇	一、六七五
山下汽船會社	—	八、五八二
其他日本商行經理之重要輪船	—	四、五四八
美輪		
捷江公司	四、五一三	四、二二〇
美孚洋行	一、〇四八	一、二三一
德士古洋行	—	九〇四
意輪		
意華公司	一、〇〇三	一、三二二
中益公司	—	八五三
其他各國	三、九一四	二、一六七

（材料來源）長野朗著胡雪譯：中國資本主義發展史。

如將本國航業與外商航業作一比較，可以一九三二年為例，是年進出中國各口岸的各國商船，共為一三五、四〇九、四九六噸，其中本國商船為三三、八八八、一六八噸，佔總噸數百分之二五•〇三；而外國商船則為一〇一、五二一、三二八噸，佔總噸數百分之七四•九七，本國商船進出口噸數僅及外國商船的四分之一，其情況如下：

各國商船進出中國口岸之噸數（一九三二年）

國別	噸數	百分比
英國	五九、四三〇、六〇二	四九•八九
中國本國	三三、八八八、一六六	二五•〇三
日本	一九、七七五、九一七	一四•六〇
挪威	六、一五五、四〇六	四•五五
美國	五、三七六、三五二	三•九七
荷蘭	三、〇二八、八四二	二•二四
德國	二、三九三、九〇六	一•七七
法國	一、四八八、一九六	一。一〇
葡萄牙	一、一九六、一一三	•八八
丹麥	一、〇六三、〇九二	•七八
意大利	七三三、八五七	•五四
瑞典	六三四、四二一	•四七

智利	一三〇、四七八	·一〇
巴拿馬	九七、七〇四	·〇七
蘇俄	一六	不及百分之一
其他各國	一六、四二八	·〇一
合計	一三五、四〇九、四九六	一〇〇·〇〇
外國共計	一〇一、五二一、三二八	七四·九七
中國本國	三三、八八八、一六八	二五·〇三

（材料來源）長野朗：同前書。

三、鐵路　列強對於中國交通的開發，第一步是掠取在華內河沿海航行權，進一步便是投資承築中國的鐵路，其目的除了便利它的商品輸入原料輸出以及對鐵路沿線資源的開發以外；還有一個政治的企圖，即是便利控制各鐵路區的地方政治，造成中國地方封建的割據局面，同時更藉以輸運軍隊以進行其武力威脅。至於鐵路借款辦法，通常僅能得到九成現款，卻要償還十成，並經常支付十成的利息。材料也是規定向債權國購買，路權也操在債權國手裏，如果過期中國不能償還債款或不能如期支付利息，則這一鐵路的財產收入及其所有權便落入債權國之手，這就無異替列強國家在中國修築鐵路。其投資情況有如下列兩表：

甲、屬於外人直接投資經營的（單位：百萬）

國別	路名	投資額	折合國幣

俄	中東鐵路	四一〇•三盧布	四一〇•三元
俄	穆陵鐵路	〇•六哈洋	〇•六元
日	南滿鐵路	二七六•七日圓	二七六•七元
日	天圖輕便鐵路	四•四日圓	四•四元
日	金福鐵路	四•〇日圓	四•〇元
英	廣九鐵路（英段）	一•六英鎊	二七•二元
法	滇越鐵路	一六五•四法郎	三三•一元
總計			七五六•三元

乙、關於舉借外債興築的（一九三六年六月底結算）（單位：千元）

路別	債權國別	原發債額	實收債額	現負本利額
北寧鐵路	英、日	四九、九二〇	四五、八四六	九、二六八
平漢鐵路	英、法、日	一〇七、四〇〇	〇一、三二四	二五、〇三一
粵漢鐵路	英、法、德、美	一〇二、〇〇〇	九六、九〇〇	一三九、八七三
正太鐵路	法	八、〇〇〇	七、二〇〇	
京滬鐵路	英	五四、五〇二	四九、九七五	五〇、三二二
汴洛鐵路	法、比	八、六二八	七、九八四	三、八一三
隴海鐵路	法、比、荷	一三一、八二六	一一九、三五七	二六七、八三九
道清鐵路	英	二六、三六〇	二五、〇〇〇	一一、六六五

南潯鐵路	日	一〇、〇〇〇	九、五二五	一七、三三四
廣九鐵路	英	二六、三五〇	二四、一八二	二九、一七六
津浦鐵路	英、德	一五六、四〇七	一四三、二五二	一九九、一二六
滬杭甬鐵路	英	三三、五〇〇	二九、二一三	一一、五六四
浦信鐵路	英	三、五二二	三、五二三	七、三五〇
甯湘鐵路	英	三、七四五	三、七四五	八、五四五
株欽鐵路	美	三、九一〇	三、九一〇	八、四一二
平綏鐵路	日、英	六、三〇〇	六、三〇〇	一〇、九三四
吉長鐵路	日	六、五〇〇	五、九四七	五、八〇一
四洮鐵路	日	二五、四〇〇	二三、八〇三	三八、三二二
吉敦鐵路	日	二三、八八五	二三、八八五	三二、六三三
洮昂鐵路	日	一〇、五三四	一〇、五三四	一三、〇七
浙贛鐵路	德	一八、〇〇〇	一八、〇〇〇	一八、〇〇〇
總計		八一六、六九〇	七五九、四五〇	九〇八、〇八七

（材料來源）陳暉：中國鐵路建築資本問題 經濟建設季刊一卷二期。

四、電訊 電訊方面，外人投資也佔着極大的勢力，關於外人投資的海底電報，如英國的大東電報公司，丹麥的大北電報公司，美國的太平洋商務電報公司，以及德國的大德電報公司（大德於德日戰爭時為日本所佔）等，實力均甚雄厚；至於純屬本國所有的海底電報，僅有廣東的徐海線，及由上海至大沽口的滬沽線，以及由芝罘至大沽口的副線；此外如青島佐世保線；芝罘大連線則尚為中外合辦，一九三四年的情況如左：

海底電報所屬國別

線名	所屬國別
芝罘大沽線	中國
芝罘上海線	中國
徐聞海口線	中國
芝罘大連線	中日合辦
青島佐世保線	中日合辦
大連佐世保線	日本
大連長崎線	日本
上海長崎線	日本
福州淡水線	日本
上海廈門線	丹麥大北公司
廈門香港線	丹麥大北公司
上海長崎線	丹麥大北公司
上海馬尼剌線	美國太平洋公司
上海川石山線	英國大東公司
川石山香港線	英國大東公司
香港馬尼剌線	英國大東公司
香港新加坡線	英國大東公司
香港來比斯線	英國大東公司
香港西貢線	英國大東公司
廈門海防線	法國
廈門鼓浪嶼線	法國
香港澳門線	不詳
香港九龍線	不詳
上海雅浦線	不詳

（材料來源）長野朗：同前書

至於無線電報，列強在中國境內設立的亦不在少，最初中國對此雖取默認態度，但至華府會議以後，由於收回無線電運動，凡未經政府允許設立的無線電均歸中國政府收買；即根據條約或經中國政府允許而設立的，其使用亦僅限於官用電報，一九三四年時各國在華無線電報略如下表：

外人在華無線電報所在地

國別	處數	所在地
日本	一一	北平、天津、秦皇島、滿洲里、公主嶺、龍井村、遼陽、琿春、大連、旅順口。
法國	三	上海、廣州灣、雲南。
英國	二	香港、香港。
美國	二	北平、上海。
蘇俄	二	哈爾濱、多倫

五、鑛業　在鑛業方面；英國在華北首先獲得開平煤鑛，不久，又強迫清廷將灤州煤鑛合併而為中英合辦的開灤鑛務局，這是中國最大的一個煤鑛，儲量十萬萬噸，年產四百萬噸。其在北平西部，尚有中英合辦的門頭溝煤鑛及臨河煤鑛。山西河南兩省的採鑛權，亦由福公司活動獲得，並在河南設立中英合辦的中福公司採掘焦作煤鑛。此外則有一九一四年英國鑛業團與湖北省合辦大冶龍南山銀鑛，一八八九年東方企業公司與四川鑛務局合作設立華益公司，計劃開採鐵、煤、石油等鑛

，集資一千萬兩，採掘期限爲五十年，惟此項契約因中國內戰未能生效。餘如四川的普濟公司，湖南的中易煤鑛公司，均與英國資本發生關係。

日本在華北方面設有華勝公司。在山東省，一面接收歐戰前德國經營的坊子淄川等煤鑛，極力排斥德人的勢力；一面設立中日合辦的魯大公司，從事日資鑛業的擴充。其在華中，則有漢冶萍公司，以多方威脅規定該公司「與日本資本家成立合辦之議之時，中國政府當予承認並不沒收該公司，未得日本資本家同意不得將該公司收爲國有，除日本以外，不許其他外資投入該公司」。喪權辱國，無過於此。其他如安徽的桃冲鐵鑛，大凸山煤鑛，江蘇鳳凰山鐵鑛，均不無日資插足其中。

一九三四年外人在華鑛權有如下表：

公司名稱	關係國別	資本額（單位元）	事業種類
福公司	中英合辦	一〇、〇〇〇、〇〇〇	河南焦作煤鑛
門頭溝煤鑛局	中英合辦	一、〇〇〇、〇〇〇	河北門頭溝煤鑛
開灤鑛務局	中英合辦	九、〇〇〇、〇〇〇	河北開平灤洲煤鑛
福中公司	中英合辦	一、〇〇〇、〇〇〇	販賣河南煤炭
楊家沱煤鑛	中日合辦	一〇〇、〇〇〇	河北楊家沱煤鑛
魯大煤鑛公司	中日合辦	一〇、〇〇〇、〇〇〇	山東各鑛
井陘煤鑛公司	中日合辦	五〇〇、〇〇〇	河北井陘煤鑛
南定煤鑛公司	日本獨辦	五、〇〇〇、〇〇〇	

（附註）東三省各鑛不在內

（材料來源）長野朗：同前書。

六、工業　關於外人在華對於工業方面的投資，谷春帆先生有過一個估計，其結果，戰前中國工業資本，包括製造業、公用事業、鑛業、運輸業的鐵路、公路汽車、航空、輪船等，總額是三、八〇七、八一二、六八一元，其中外資是二、八二〇、五三六、一六九元，佔總額百分之七三·八；本國資本是九八七、二七六、五一二元，佔總額百分之二六·二。如若除開公用事業、鑛業、以及運輸業的鐵路、公路汽車、航空、輪船等，則戰前工業資本的比例，有如下表所列：

戰前中國工業資本估計（單位：元）

類別	本國資本	外國資本	合計
木材業	一、一一五、一七五		
器具製造業	三八一、五〇〇		
金屬工業	九、八〇〇、七五〇		
機械製造及其他金工業	一七、六九二、七〇八		
造船業	二、三三九、一〇七		
磚瓦士敏土等業	三七、八〇七、一六〇		
建築材料業	二九八、一二〇		
電氣及自來水業	一三四、二〇三、六二五		

化學工業及有關製造業	四九、一四六、九六九		
紡織業	一九五、六二六、五四八		
製衣業等	六、〇〇六、〇七六		
製革業、製橡皮業	一〇、七一二、二九二		
食料飲料及菸草工業	一二六、〇九一、五六六		
製紙業及印刷業等	三三、三五三、〇七二		
樂器製造業	八一二、三〇〇		
其他	二、四二六、〇〇〇		
總計	六二七、八一二、九六四	一、〇七六、七〇〇、〇〇〇	一、七〇四、五一二、九六四
百分比	三六・九%	六三・一%	一〇〇・〇

（材料來源）谷春帆：中國工業化之國內資本問題　經濟動員第一卷十一期。

上海市社會局於一九二八年發表過一個統計，其結果亦與上表所估計的相似，上海市爲中國最大的工業中心，它握有全中國三分之一至二分之一的工業，我們也將這個數字附列，以見一斑。

上海市工業資本外資與華資百分比

業別	外資 兆元	外資 百分比	華資 兆元	華資 百分比
紡織	一五二・七		四五・一	
化學	二一・〇		七・四	

食品	二五・八		二五・九	
印刷	・六		一〇・五	
水電	一〇・〇		八・九	
其他	・九		五・八	
合計	一九〇・〇	六四・七	一〇三・六	三五・三

（附註）見上海市社會局的「上海之工業」

七、銀行金融業　由於國際資本主義發展到壟斷與獨佔階段，各帝國主義國家挾其剩餘資本，一易其前此之商品輸出進爲資本的輸出，企圖由此種資本輸出使次殖民地及落後國家與資本輸出國家結成愈益不可分解的關係，成爲他們經濟上與政治上的附庸，在這種情勢之下，外國銀行便在中國重要都市普遍設立起來：

1.戰前中國金融事業尙未發達，資力不充，多數銀行錢莊仰賴外國資本；一般資產階級又多存欵於外商銀行，尤以舊式官僚軍閥深恐財產或被沒收，而以存入外商銀行爲可靠，因而外商銀行毫不費力地掌握了中國金融業的實際力量。

2.中國爲不平等條約的束縛，主要的國家收入如關稅鹽稅等都得由外商銀行保管，外商銀行無形中成爲中國的銀行之銀行。

3.外商銀行在中國有發行紙幣的權力，其中以英國的匯豐銀行、麥加利銀行、日本的正金銀行，比利時的華比銀行，美國的花旗銀行等，發行紙幣爲數頗鉅，流通區域則在上海，香港、台灣、、福建等重要口岸。

4. 外匯價格的決定權完全操在外商銀行之手，以匯豐銀行勢力爲最大；日本正金銀行亦有相當的作用。

茲將戰前在華外商銀行及其資力列如下表：

銀行	國籍	在華行數	在華資力（原幣額）
匯豐銀行	英	九	一、一四〇、二七三、〇〇〇港元
麥加利銀行	英	七	五三、九六二、〇〇〇鎊
有利銀行	英	二	一四、四七七、〇〇〇鎊
大英銀行	英	二	九、二〇七、〇〇〇鎊
新沙遜銀行	英	一	三、二〇三、〇〇〇鎊
花旗銀行	美	三	一、二九九、六五九、〇〇〇美元
大通銀行	美	三	三八、二三九、〇〇〇美元
運通銀行	美	四	二七、三七九、〇〇〇美元
信濟銀行	美	一	二、五〇六、〇〇〇元
友邦銀行	美	一	四、八〇七、〇〇〇元
天津商業放款	美		二八五、〇〇〇元

橫濱正金銀行	日	七	八三〇、五七二、〇〇〇日圓
三井銀行	日	一	八二九、〇八九、〇〇〇日圓
三菱銀行	日	一	七六八、六一九、〇〇〇日圓
住友銀行	日	一	八八八、七九七、〇〇〇日圓
台灣銀行	日	七	三二三、二七四、〇〇〇日圓
正隆銀行	日	二	六四、五六四、〇〇〇日圓
朝鮮銀行	日	三	四四二、七九一、〇〇〇日圓
上海銀行	日	一	一、三四九、〇〇〇日圓
天津銀行	日	一	二、四八〇、〇〇〇日圓
漢口銀行	日	一	二、〇七七、〇〇〇日圓
東方匯理銀行	法	七	二、二三一、六六二、〇〇〇法郎
匯源銀行	法	一	三、二三九、〇〇〇元
荷蘭銀行	荷	二	三六六、八六八、〇〇〇荷盾
安達銀行	荷	三	一七一、九九六、〇〇〇荷盾
華比銀行	比	三	一、九四七、五八九、〇〇〇法郎
德華銀行	德	六	一〇、八四二、〇〇〇銀兩
華義銀行	意	一	二、四二九、〇〇〇美元
遠東銀行	俄	一	四、五四二、七三四日圓

義品放款銀行	法比	四	一〇、〇〇〇、〇〇〇法郎

（附註）據張健甫：中國近百年史教程及高平叔：中國經濟地位一百年。

八、進出口貿易　中國正式和外國通商，據海關最初發表的貿易報告，始於一八六四年，當時進口貨約佔五千一百萬規元兩，出口貨約五千四百萬規元兩，且呈出超之勢；次年起卽入超一百七十餘萬規元兩，此為入超的濫觴。此後中國卽以小農經濟為基礎所生產出來的商品與資本主義國家機械工業生產出來的商品相交換而參加世界貿易市場，因而中國對外貿易在世界貿易市場中所負的主要任務，便是提供特產原料品與接受過剩工業品，所以近百年來中國對外貿易始終保持着被動的入超的特色。請看通商以來進出口貿易的趨勢：（單位：千元）

年份	洋貨進口淨數	土貨出口淨數	共計	入超
清同治三——十三年（一八六四年至一八七四年）	一・〇四九・三一八	九九九・六四五	二・〇四八・九六三	四九・六七三
清光緒元——卅四年（一八七五年至一九〇八年）	九・二四一・七六七	六・二九〇・八三八	一五・五三二・六〇五	二・九五〇・九二九
清宣統元——三年（一九〇九年至一九一一年）	二・〇二八・九四一	一・六四五・七四六	三・六七四・六八七	三八三・一九五
民國元——二十年（一九一二年至一九三一年）	二六・六四七・二八五	二〇・七〇九・六九二	四七・三五六・九七七	五・九三七・五九三
民國二十一年（一九三二年）	一・六三四・七二六	七六七・五三五	二・四〇二・二六一	八六七・一九一

民國二十二年（一九三三年）	一・三四五・五六七	六一一・八二八	一・九五七・三九五	七三三・七三九
民國二十三年（一九三四年）	一・〇二九・六六五	五三五・二一四	一・五六四・八八〇	四九四・四五一
民國二十四年（一九三五年）	九一九・二一一	五七五・八〇九	一・四九五・〇二〇	三四三・四〇二
民國二十五年（一九三六年）	九四一・五四五	七〇五・七四一	一・六四七・二八六	二三五・八〇四
民國二十六年（一九三七年）	九五三・三八六	八三八・二五六	一・七九一・六四二	一一五・一三〇
共計	四五・七九一・四二一	三三・六八〇・三〇四	七九・四七一・七一五	三・一一一・一〇七

（附註）本表及下列兩表均根據海關歷年報告。

上列統計尚未能具體表達中國對外貿易的內容，中國對外貿易，主要的有兩個特點：一、輸出特產的原料品供給工業國；二、由工業國輸入製成品。先看輸出：

年份	原料品類	飲食品及菸草類	半製品類	製造品類
一九三四年	三三・〇	二八●二	一八●六	二〇●二
一九三五年	三三●五	二五●二	二一●三	一六●〇
一九三六年	三五●八	二四・七	二三●二	一六●三
一九三七年	三七●七	二一●四	二四●七	一六●二

輸出商品中，第一位是原料，佔總出口百分之三三至三七・七，原料品包括植物纖維，植物染料燃料，動物產品，金屬鑛砂等類，這就證明中國出口貿易是以提供原料的姿態出現。第二位是飲食品及菸草類；第三位是半製品，這類商品大體是輕工業產品，其中有的是國貨，有的是外廠產品

，不能即作爲民族輕工業發展的尺度。第四位才是製造品，一方面足以說明中國工業化的程度和速度，別方面尙須注意外商工廠製成品所佔的成份。再看輸入：

年份	製造品類	半製品類	飲食品及菸草類	原料品類
一九三四年	四三・二	二一・三	二一・七	一三・八
一九三五年	四六・一	二〇・六	二三・八	九・五
一九三六年	五五・二	二〇・九	一三・一	一〇・五
一九三七年	五五・一	二三・八	一九・九	八・二

進口商品中，第一位是製造品，加上第二位半製品就等於進口總額百分之六四・五至七七・九，製造品半製品包括金屬產品、機器工具、車輛、船艇、木製品、化學產品、皮製品、棉毛絲織品等類，這就說明中國正是列強理想的市場。至於飲食品及原料品的輸入，則不但不足以象徵中國戰前的工業化，相反，倒是由於列強對於中國經濟侵略的普遍與深入，中國農村陷於極度衰落與極度恐慌的反映。

四　外人在華投資之影響

末後，我們再看看戰前外人在華投資對於中國的影響怎樣？

戰前外人在華投資對於中國所發生的影響，正如它投資的種類與方式一樣是十分錯綜複雜的，有人說它給中國建設以相當的助力，同時也有人說它給中國工業以深重的打擊；它對中國內政有相當的擾亂，同時也對中國人民政治意識有相當的啟發；它對中國的社會風氣有相當的改變，同時也給中國帶來許多污穢與罪惡。我們且把戰前外資在中國所起的作用，比較的述說一下。

有一部份人認為戰前外人在華投資，對於中國是有一些有利的影響的：

第一、它幫助了中國資本主義現代生產的發展。因為外資投入中國市場，同時也就帶入了外國一切科學與技術，衝毀了中國的原始生產方法，推翻了中國手工業和家庭工業制度，輸入了許多新的機器，新的技術與新的管理方法，以及新的工業與商業制度，使中國古老而陳舊的方法不能再延續它的傳統，必須逐漸被迫走上工業革命的大道；如若不是外資衝進中國這原野，也許中國工業一時還不能走上工業革命的道路，至少也不能走得這樣快。外資對於中國經濟的助力計有：

1.增加了中國的資本　中國本來是一個資本貧乏的國家國內一切經濟上的開發，均感覺資本的不足，而原始的資本積蓄方法也決不能適應中國當前的需要，由於列強資本主義高度的發展，剩餘的資本找到了中國這一市場，正好適應中國本身的需要，這就幫助了中國資本主義現代生產的發展

2.輸入給中國以科學的技術　中國的自然科學由於社會結構還遲滯在封建制度中而不能發達。外國的機器資本以及一切科學技術隨着大砲衝進了中國；更因不平等條約的存在，外人可以在中國境內設廠製造，使中國舊生產方法不得不被迫改革，因而中國的科學技術由於外礫的原因不得不急起直追，迎頭趕上。

3.訓練了中國的勞動者　中國的資本既貧弱，又無科學設備，可是中國有廣大的土地，衆多的

人口，因爲外國資本投入中國，在中國設廠開鑛，這就提供了訓練中國工人的機構，使中國在資本不充裕機器不發達的環境之下，卻先有了受過新工業訓練的技術勞動者，他們日後就可以成爲中國本身建設時的基本幹部。

第二、它爲中國經濟的發展而服務。外國資本投入中國本來都是爲自己打算的，外商在中國投資，其目的本想藉此得到優厚的利潤，外國政府對中國借欵，其目的本來也是想藉此伸張他們在華的政治勢力。可是，他們這個目的祇能達到一部份，而不會全部達到；他們的目的祇能在某特定時期中可以適用，而不能永久不變的把握着。有些經濟上的投資，尤其是市政工程和交通方面的，往往是爲中國效勞了一番，譬如就鐵路而論，外人起初原想藉鐵路伸展他們的政治的經濟的勢力，鞏固他們的勢力範圍；但是他們的瓜分和均勢局面，一方面由於彼此間的不調協，別方面又因中國本身的努力掙扎，結果並不會能達到目的。而當中國本身的經濟逐步發展之後，外人在華投資的鐵道，倒的確成了中國經濟發展中的實物。至於外人在華租借地的市政建設，固然給中國的主權和利益有相當的損失，但在收回租界以後，這些慘淡經營的業績，都變成外人留給中國的禮物了。

第三、它使中國經濟發展與世界的經濟發展合流。如若沒有外資投入中國，中國本身，在經濟方面自然也會順着時代向前進展；不過，中國傳統的社會制度與觀念事實上既已成爲中國經濟發展的桎梏，那末坐視中國經濟自然發展必然陷入一個停滯的階段，這一階段會延長若干年是難以想像的。這就得力於外資的衝入，它給中國原有經濟機構與傳統思想來了一番大的衝擊，使中國在經濟上必定要躋上世界經濟的水準，否則就不可能在世界上立國。當然這種經濟上的發展，在中國還不會能與世界各國眞正達到並駕齊驅的地位；但是，只要不完全抹殺外資對於中國有利的影響，則是目前所有的一點點可以作爲將來與世界各國平衡發展的基礎，不能不說是多少受益於外資的刺激。

如上所說，雖則我們並不主張全部推翻以上的論調；但是，我們卻也忘記不了近百年來帝國主義經濟力量所加予我們的重重的束縛與壓迫，戰前外人在華的各種投資即是列強對於中國經濟侵略的具體表現，從惡劣的影響方面看來，至少有如下幾個要點。

第一、它束縛了中國經濟的發展。上面曾經有人提到外人在華投資幫助了中國經濟的發展，可是卻也別忽略了外資束縛了中國經濟的發展：

1，外資束縛了中國民族生產事業的發展，因爲外人在中國有設廠製造權、內河航行權、建築鐵道權，開採鑛山權等等，他們利用優厚的資本與熟練的技術經驗在中國經營生產事業，使用中國賤價的原料與勞力，製成成品之後，再利用他們所把握的交通工具，在中國內地市場傾銷。中國生產事業的發展固已較西歐遲緩，而新生的一點嫩芽，即與外資的粗大枝幹相抗衡，其結果無疑是遭受到極大的損傷，甚至一部份因此夭折，中國生產事業遂不得不避重就輕，縮小於外人所不及經營的極少部門，拾人唾餘，苟延殘喘而已。同時外人還使用托辣斯的手法，操縱中國分散的小規模生產事業，以控制中國全部經濟的發展。

2.外資在華約束了中國資本的積累　資本的形成主要是勞動的積蓄，外人剝削了中國勞苦大衆的剩餘價値，因而削弱了中國人民的購買力，同時也就妨礙了中國國民資本的積累，以致入超增大，人民窮困，資本日益貧乏，造成一切不良現象與罪惡。

第二、它分化了中國國民經濟力量。因爲有外資在中國市場，中國的經濟力量已不如以往的統整，從分裂的角度上看來，主要的有下列兩種：

1.中國社會的貧富階級受到了分化並且新生出一種中間的剝削階級，因爲外人在中國投資，在語言與地方情形的不熟習，就有許多應運而起的買辦，他們是中國人，同時受過外國的教育或薰陶，了解外國的語言文字，可以溝通中外，利用佣金制度和拆息方法居中漁利，甚至用欺詐壓迫的方法在兩方面尤其在本國方面套取利潤，這種新的階層成爲了中國新興的資產階級，中國勞動者所受的剝削遂愈益加深，較以前格外窮困。

2.在區域上分化了中國的經濟力量　外人在中國投資，主要是在外國不平等條約或武力可以達到的區域以內，並不是按照中國的需要在中國作全面的投資。外人在華投資已有近一百年的歷史，但投資的區域則大都限於沿海商埠附近、江流或鐵道的兩傍，並且各國有各國的私心，企圖瓜分割據中國的經濟資源，這樣一來就使中國國內經濟的發展，在各區域呈現出不平衡的狀態，上海和東北特別繁榮，內地各省則依然落後在經濟上毫未改觀的階段，這種經濟上不平衡的發展，使某地區的人民安土重遷，又使某地區的人民背井離鄉，放棄舊業，這都給予中國經濟上以莫大的分化。

第三、外人在華投資同時也破壞了中國的經濟力量。由於外人在中國投資，主要是爲着他們本身的利益；所以中國經濟力量的成長，往往可能和他們發生矛盾與衝突，遇到這樣情勢時，他們便不惜利用雄厚的資本，豐富的經驗，優良的技術，加上不平等條約的輔助來打擊中國的經濟力量，這是外人對於中國經濟力量意識的破壞；還有時是無意識的對中國經濟力量的破壞，也同樣是有害於中國：

1.無意識的破壞　外人在華投資，多半集中於通商口岸，以致中國的人口逐漸的城市集中；洋貨的衝入農村，高利貸的流行，在在促使中國農村破產，勞力集中都市。中國原來是農業國家，由於外資這樣的震撼，國本動搖，極有滅亡的危險，這種現象與非洲人受到白種人勢力侵入後所發生的變化，幾乎沒有什麼差別。不過農村荒棄致使原料品生產的減低，並不是投資的外國人所樂意的，但這卻是外國資本在中國剝削後所發生的必然的結果，所以我們稱之爲無意識的破壞了中國的經濟。

2.意識的破壞　至於意識的破壞中國的經濟，則是中外經濟利害衝突尖銳化的結果，關於這一方面的事實，最具體的莫如日本田中義一的奏摺，他計劃如何從事經濟上侵略「滿蒙」，征服中國；如何妨止和阻撓中國本國的經濟發展，甚至派遣大批浪人向中國推消私貨，走漏關稅，以政治和軍事作後盾，不擇手段，以達到他們無恥的目的，這種種不法行爲，都是意識的破壞中國的經濟。

上面所說的戰前外人在華投資的影響，祇是就其投資後所發生的直接影響而言，至於外人在華投資所引起的社會、政治、以及文化，思想上的各種影響，同樣是至深且鉅，以不屬本書範圍，故不具論。

戰前外人在華投資的數額，與各國間投資的消長，以及投資的範圍，投資的影響，我們作了以上的一個簡略的敍述。前事不忘，後事之師，我們應以這個作爲討論戰後利用外資的基礎。

下篇　戰時外人在華之投資

一　概述

本篇所謂戰時，係從一九三七年至一九四三年，這是將近七個年頭的時間，由於對日抗戰軍事行動的發展，中國政治環境發生了鉅大的變化；而同時，世界各國的情勢亦因太平洋戰爭的爆發及軸心反法西斯的同盟陣綫的成立而發生極大的變更。中國的領土因爲多數沿海地區經日人武力佔領而劃分爲淪陷區與大後方兩個範圍，淪陷區包括自「九一八」事變以後日人暴力侵佔的地方；大後方則爲一切未淪陷的廣大區域。在太平洋戰爭未曾爆發以前，英美各同盟國在淪陷區尚有若干新增的投資，但到了太平洋戰爭，同盟國與軸心國陣壘分明，同盟國投資的範圍也就無形中以大後方爲限。

外人在中國的投資，在戰前，日本已據有最高的地位，這種地位中國抗戰最初的幾個月雖曾一度遭受打擊，但當中國沿海各省業已被它佔據的時候，它在中國的投資地位又逐漸升高起來。當然，在日人佔領沿海地帶後，在北平製造僞「政委會」，在南京建立僞「中央政府」，由皇軍的刺刀推動日僞對中國的經濟侵略，因此日人在中國所經營的一切事業，不僅含有獨佔性與刦掠性，實際上許多事業多半是刦掠中國的公私企業加以改組的，由於缺乏精密的調查，並且也由於調查的困難，我們一時不能取得完備的資料，詳加分析。我們只能就目前所可能取得的材料，在下面作一個粗枝大葉的說明。

大致說來，在太平洋戰爭爆發以前，「七七」事變發生以後，各國在中國的投資都曾受到了挫折，全部停止其增進，其舊有規模，頗多受到炮火的燬損，且因中國內部進入於戰時的紊亂狀態，一切事業逐漸趨於收縮。但是這種狀態持續不到一年，因爲中國政府西遷，沿海戰事暫告結束，日人爲希圖恢復沿海各商埠的經濟繁榮，藉以吸取中國資源起見，一面利用英美兩國維持其在華原有利益的矛盾心理，極力保持雙方若斷若續的往還關係，因而在太平洋戰爭爆發之前，英美在淪陷區尚增加若干直接投資；不過在太平洋戰爭以後，他們除對中國政府貸予借款外，不再有什麼其他的投資。其在德意兩國，戰前即與日本訂約，結果爲軸心同盟，自從中國對日抗戰時起，他們便從多方面幫助日本；而日人既在中國沿海得手，對德意在華經濟權益，愈益特獻慇懃，加意保護，以吸引其大量投資。其餘各國則除蘇聯外，均屬無足輕重。茲依各國在華戰時投資的情況，分別贅述於次

二　日本在華之投資

戰時各國在中國的投資，以日本一國最佔重要。因爲日人於「八一三」事變後，即在中國北方及中部各地，一面刼掠中國公私企業，一面添辦各種事業，或就劫掠原有企業加以改組，新增資本，爲數甚鉅。同時，由於日人投資的事業係隨其侵略行動的進展與配合軍事需要而增加，故其投資

性質與通常國際投資亦大有區別。

八一三抗戰發生後的最初時期，日本在上海，青島及其他各地的原有事業曾略受損毀，依照「支那經濟年報」的估計，總額約在四萬萬圓左右，大致上海日資各種事業所受損失約二萬萬圓，山東及青島各種直接事業及「合辦」事業所受的損失亦約二萬萬圓，其餘各處如天津等埠所受的損失則較小。

戰時日本對華投資，於戰事發生之初，雖曾稍受挫折，但其投資工作並未停止進行。日本外務省於戰爭爆發之後，即組織「在支居留民復興調查委員會」，調查各項損失，對被害的日人予以救濟及「復興資金」的融通。其復興工作，先自上海紗廠及一般工廠以及商店入手；次及北平，天津，漢口等地，先後開始其「復興工事」與「治安工作」。大致在日軍勢力控制的地區，各種工商事業，均能於極短期內逐漸「復活」。

日人除在淪陷區極力推進其「復興」工作而外，尚有進一步的鯨吞中國資源與控制中國經濟命脈的整個陰謀。執行此種任務的主要有兩個機構：一個是中國北部的「華北開發會社」，一個是中國中部的「華中振興會社」。這兩個會社規模宏大，採取新的控制方法，較以往的托拉斯範圍更為廣泛。每一會社下附設若干子公司，直接經營各種事業。其任務不僅在復興佔領地區的經濟事業，並且以此控制佔領區內的交通及壟斷民生必需品如煤、鐵、鹽及公用事業等等。這種會社實際不外是日本經濟侵略政策的中心組織，故日人又稱之為「國策會社」。其中「華北開發會社」的資本金原定爲三五〇、〇〇〇、〇〇〇日圓，分爲七百萬股，第一次收到股欵計九九、〇〇〇、〇〇〇圓，日人出資五五、五六九、六二二圓，內有三〇、五八六、〇〇〇圓係以軍事交通等工具折爲實物股本，餘爲現金；「民間」股金則爲四三、七五〇、〇〇〇圓。其經營範圍包括（一）交通運輸及港灣；（二）郵電通訊，（三）發電，（四）鑛產，（五）鹽之製造，販賣及利用，（六）其他中國北方經濟上所必需全盤統制的各種事業。「華中振興會社」，據謂「華中」情形不及「華北」，故資本僅定爲一〇〇、〇〇〇、〇〇〇圓，第一次收入股金三一、三八二、三四四圓，日人出資一八、八八二、三四四圓，內實物股本爲七、六四〇、〇〇〇圓，餘爲現金；「民間」股金則爲一二、五〇〇、〇〇〇圓，經營鐵道，水運，通訊，電氣與自來水，鑛產，以及上海公產，水產等事業。截至目前爲止，日人先後投資於「華北開發會社」所屬事業爲九八、六八六、〇〇〇元，投資於「華中振興會社」所屬事業爲六一二、〇〇〇、〇〇〇元，兩共約爲七一〇、六八六、〇〇〇元。

其在工鑛業方面，可分爲（一）純日資經營的工鑛事業，及（二）日人掠奪中國淪陷區工鑛業加以改組兩類。我們最近曾收集各方材料作過關於以上兩類的調查，以材料收集困難，其結果尙有待於修正與補正，尙未正式發表。其中純日資經營的工鑛事業，以紡織工業具有悠長的歷史，據估計，目前全部日資在華經營的紗廠，總投資額約爲三萬六千萬元，與戰前相較，約增資五千萬元左右。東北鑛業，除原有「本溪湖煤鐵公司」「南滿洲鐵道株式會社」兩單位外，二十六年底，「滿洲重工業開發會社」又由「日本產業股份有限公司」擴大改組，一面控制滿洲煤業公司，一面投資於本溪湖煤鐵公司，昭和製鋼所，及直接經營東邊道開發公司，東北鑛業逐漸入於滿洲重工業開發會社之手。

由於日人在佔領區域的各種事業，隨時受到中國游擊部隊的破壞與威脅，日人便不得不將大多數事業集中在上海，天津，青島三處，尤以在上海一地為最多。其在東北，則以盤據多年，經營事業已有相當基礎，故分佈區域亦較為普遍。所以我們也便將日人在上海，天津，青島，東北四處對於工鑛事業投資的數目製出下列一表：

日人戰時在上海天津青島及東北之工鑛投資　廠數：家　資本數：千元

業別	上海		天津		青島		東北		合計	
	廠數	資本額	廠數	資本額	廠數	資本額	廠數	資本額	廠數	資本額
鑛冶工業							34	九四九，〇〇〇	34	九四九，〇〇〇
機械工業	31	三二，二九二	14	三一，〇六〇	9	✡五〇，〇六〇	13	二六五，三〇〇	67	三七八，七一二
金屬品工業			1	三〇〇					1	三〇〇
電器工業	11	四，九七五	2	五，〇〇〇			5	一〇，一〇〇	18	二〇，〇七五
木材工業	8	一三二	4	六，一四〇			17	一一，四五〇	24	一七，七二二

土石品工業	21	一，〇三五					27	三三，三〇〇	48	三四，三三五
化學工業	35	二四，八四〇	13	四二，二〇〇	4		34	二一八，八七一	86	二八五，九一二
紡織工業	55	一八一，七五五	9	八三，三二〇	9	二六二，〇〇〇	18	三八，三五〇	91	五八五，四二五
服飾品工業	5	一四〇					2	七〇〇	7	八四〇
飲食品工業	19	一九，八七五	7	七，七七〇	1	一，四〇〇	32	八八，七五〇	59	一一七，七九五
榨油工業								三三，八八〇		三三，八八〇
文化工業	10	三，〇一〇	1	七，五〇〇			1	二七〇	12	一〇，七八〇
雜項工業	7	一，四二五	2	一，三〇〇			9	一八，〇七〇	18	二〇，七八五
共計	197	三五八，四六九	53	一八四，五九〇	23	三三三，四八〇回	192★	一·六八七，九四一	465	二·五六四，四八〇

（註）機械工業青島計九家，僅列三家資本額，餘未詳。

回青島各廠資本數多半不詳，本表僅列所知者如上數。

★東北各廠數內，未列入榨油工業之工廠數。

（說明）1本表分類，因資料來源不一，就便綜合而成，各項工業在各地中並不周延。

2本表因資料不全，尤以青島一地所缺最多，僅就所知者編成。

3本表中東北一地各工廠係就十萬元資本以上者。其餘各地則係就一萬元資本以上者始行列入。

資本在十萬元及一萬元以下者皆未列入。

依我們調查所得，日人在中國北部及中部東北三處掠奪中國的廠鑛，共計三二二五家，資本總額約爲六四五、九二五、〇〇〇圓及二九四、〇二二、〇〇〇元。其中有一六五家資本未能計入，故以上數字實僅佔全部資本總額的半數。其中尙有二十六家廠鑛的資本額係列入戰前註册時的原額，爲數尤小於現值若干倍。同時，在太平洋戰爭爆發以後，移入上海，天津，香港等處的工廠，必全被日人強行接管，其數額必超過調查所得者無疑。此外。中國南方廠鑛被掠的情況，無法詳悉，亦只得暫時從闕。分配情況略如下表：

日人戰時在中國北部及中部與東北三處掠奪中國廠鑛情況　廠數：家　資本數：千圓/元

業別	中國北部		中國中部		中國東北		共計	
	廠數	資本額	廠數	資本額	廠數	資本額	廠數	資本額
水電煤氣業	15	一三二、八〇〇圓	2	四六、〇〇〇圓			17	一七八、八〇〇圓
鑛及冶煉工業	36	一八六、九四〇圓	5	五五、〇〇〇圓			41	二四一、九四〇圓
機械工業	10	四、九七八圓	7	一、一四五元			17	四、九七八圓 一、一四五元

	電器工業	土石品工業	化學工業	紡織工業	飲食品工業	共計
	1	4	50	21	43	180
	三〇〇圓	一四、九〇〇元	一四四、〇〇〇圓 一〇〇元	四、五〇〇圓 一二八、〇四〇元	五〇、九八五元	四七三、五一八圓 一九四、〇二五元
		4	39	39	31	127
		一〇、四〇〇元	一、〇〇〇圓	七四、八五〇元	一三、六〇二元	一〇二、〇〇〇圓 九九、九九七元
			13	3	2	18
			四、六三二圓	一三、一五〇圓	五二、六二五圓	七〇、四〇七圓
	1	8	102	63	76	325
	三〇〇圓	二五、三〇〇元	一四九、六三二圓 一〇〇元	一七、六五〇圓 二〇二、八九〇元	五二、六二五圓 六四、五八七元	六四五、九二五圓 二九四、〇二二元

其在淪陷區金融方面的投資，我們可以分爲五個地區來敍述。

第一是東北。「九一八」事變後，日人即輔助僞滿政府建立一個「僞滿中央銀行」，規定資本爲三千萬圓，實際收足一千五百萬圓，由日人闞朝爾玉充任總裁，在東北各地遍設分支行處。其中日本各銀行投資的數字不詳。

第二是蒙疆。在這一區內，「七七」事變後，日人即先後侵入張家口，大同及歸綏，隨軍攜帶大批「僞滿中央銀行」鈔券及一部份日本銀行，朝鮮銀行鈔票，在市面強迫使用。同年九月，成立

「察南銀行」，後，擴大改組爲「蒙疆銀行」，實際收足資本爲三百萬元，儼然爲蒙疆一區的金融主腦。該行復控制三個由錢莊合併改組而成的實業銀行，爲「察南實業銀行」，「晉北實業銀行」，「蒙古實業銀行」三行。在這一區內，日人實際上並未加入什麽資本，祇不過利用其軍事政治的勢力，將當地民間金融機構的錢莊加以改組而已。

第三是北方。二十六年十二月，「華北僞臨時政府」成立時，日人即擬在該區內設立「中央銀行」。直至二十七年一月，始有所謂「中國聯合準備銀行」的籌設，由「僞行政委員會」及「僞財政部」以及平津各銀行從事籌備，採取聯合準備銀行制度，使平津各華商銀行參加股份，以便吸收存欵，作爲發行鈔票的準備，藉以建立「僞臨時政府的財政基礎，進而破壞國民政府法幣的信用。該行資本額定爲五千萬元，由「僞臨時政府」担任半數；其餘一半，由民間銀行出資，繳足半數，即可開業。據日僞規定僞府及各銀行第一次出資分派的辦法，僞府出資一千二百五十萬元，係向日方朝鮮，正金，興業三銀行借繳，借用期限十年，年息四分五厘。平津民間銀行應出資本，除僞府籌備人員依額認繳外，其餘均未參加繳欵。由於該行事前曾向日本銀行團的朝鮮，台灣，正金，三井，三菱，三和，興業，安田，第一，第百，野村，愛利，名古屋，神戶等十五家銀行成立一萬萬元的信用借欵，故正金銀行特派人員担任該行的匯兌業務，並由朝鮮銀行指導該行發行及國庫業務，興業銀行指導該行的一般金融業務。

「僞中國聯合準備銀行」於二十七年三月成立後，先後在重要城市設立分支行處，計附設分行十三處，辦事處五處，辦理處四處，紙幣兌換處十處，外匯局三處，企圖控制整個的北方金融，同時，日偽並仿效蒙疆區的辦法，實行「一地方一銀行」的制度，由偽聯銀居中策動，在各大都市設立偽地方銀行，出資情形，係由偽聯銀担任半數，其餘半數則就地徵集，以期利用地方原有金融機構的潛存勢力，建立其統制北方的金融網。此種偽地方銀行計有天津的河北省銀行及市民銀行，青島的大華銀行，濟南的魯興銀行及東萊銀行，開封的河南實業銀行，資本自五十萬元至三百萬元。此外尚有偽山西實業銀行及太原地方銀行尚在籌備，前者資本額定為三十萬元，後者情形不詳。其中以河北省銀行歷史最久，規模亦最大，該行分支行處，分佈於北平，保定，石家莊，唐山，高邑，通縣，滄縣，昌黎，密雲，定興，樂亭，連鎮，獨流墕，易縣，涿縣，廊房，邢台，泊頭，邯鄲，井陘，磁縣，正定等處。

第四是中部。日偽於二十八年五月，在上海成立所謂「華興商業銀行」，規定資本總額為五千萬元，分為九十萬股，一次繳足。由「偽維新政府」出資二千五百萬元，其餘半數，由六個日籍銀行分任籌措，計日本興業銀行担任五百萬元，台灣，朝鮮，三井，三菱，住友五行各認四百萬元。該行除在蘇州，杭州，南京，蚌埠，鎮江，無錫等處設有分支行處外，並深入江浙兩省內地，擴充金融勢力。

中部一區地方性的敵系銀行，為數亦不在少，其資本多以「華興劵」及日本軍用票抵充。有上海的市民銀行，及中亞商業銀行，聯易商業銀行，農商銀行；南京的市民銀行及興業銀行；蘇州的江蘇地方銀行及蘇民銀行：杭州的浙民銀行，蚌埠的安民銀行及商業銀行；漢口的中江實業銀行等十餘家，資本自五十萬元至五百萬元不等。此外尚有江南產業銀行及興贛銀行兩家，其資本數額不詳。

第五爲「僞中央儲備銀行」。資本額定一萬萬元，由日人斡旋「華興商業銀行」以借欵方式出資相當於五千萬元的金額，其餘籌措與分配情況則尚未詳悉。該行總行設於南京，其分支行處業已開業者，僅有上海，杭州，蘇州，蚌埠四行。在籌備中者，尚有南通，常州，無錫，青島，揚州，漢口，澳門，鎭江等行。

日人在淪陷區破壞中國的金融，建立銀行投資制度的情形，大致可列表如左：

日僞破壞中國金融的銀行投資系統

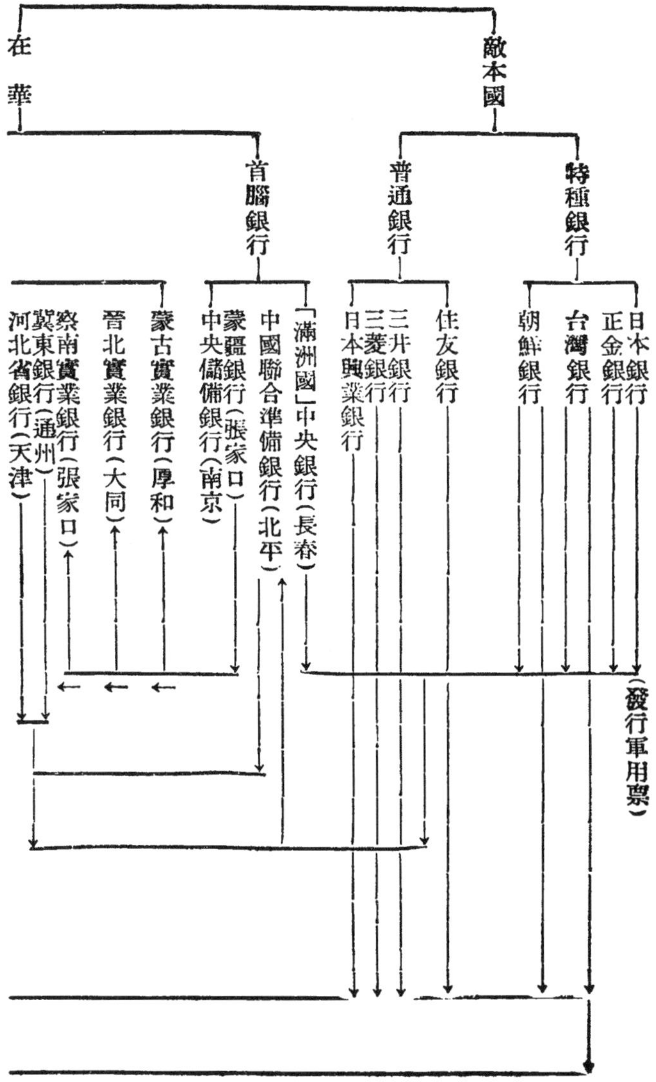
敵本國
在華
特種銀行
普通銀行
首腦銀行
日本銀行
正金銀行
台灣銀行
朝鮮銀行
住友銀行
三井銀行
三菱銀行
日本興業銀行
「滿洲國」中央銀行（長春）
中國聯合準備銀行（北平）
蒙疆銀行（張家口）
中央儲備銀行（南京）
蒙古實業銀行（厚和）
晉北實業銀行（大同）
察南實業銀行（張家口）
冀東銀行（通州）
河北省銀行（天津）
（發行軍用票）

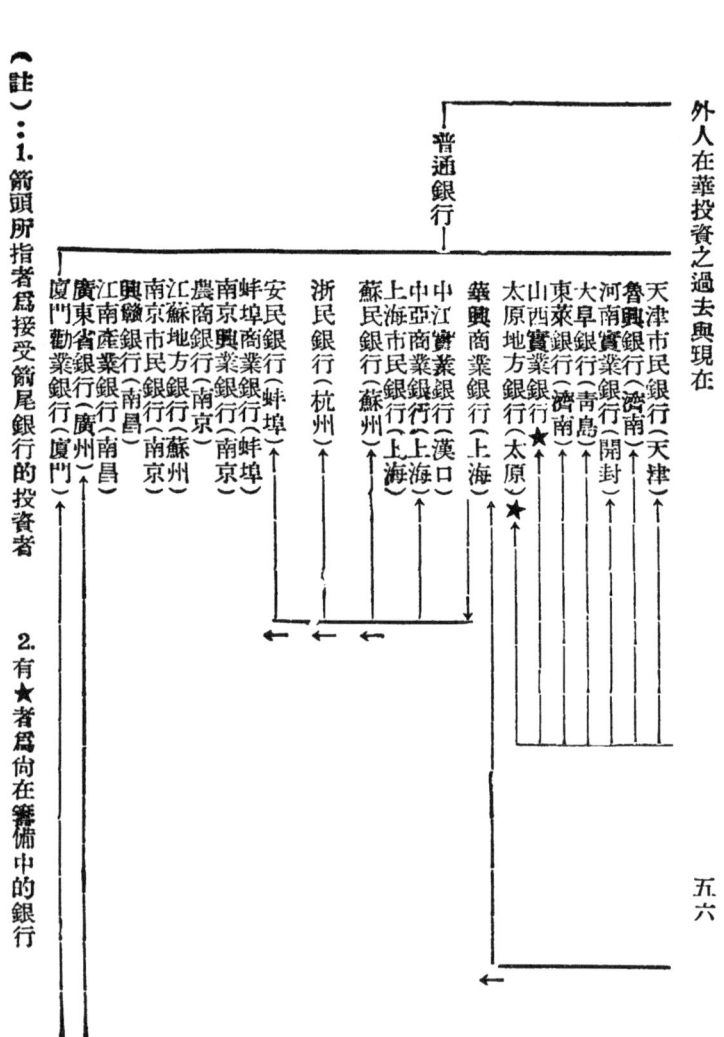

普通銀行

- 天津市民銀行（天津）
- 魯興銀行（濟南）
- 河南實業銀行（開封）
- 大阜銀行（青島）
- 東萊銀行（濟南）
- 山西實業銀行★
- 太原地方銀行（太原）★
- 華興商業銀行（上海）
- 中江實業銀行（漢口）
- 中亞商業銀行（上海）
- 上海市民銀行（上海）
- 蘇民銀行（蘇州）
- 浙民銀行（杭州）
- 安民銀行（蚌埠）
- 蚌埠商業銀行（蚌埠）
- 南京興業銀行（南京）
- 農商銀行（南京）
- 江蘇地方銀行（蘇州）
- 南京市民銀行（南京）
- 興贛銀行（南昌）
- 江南產業銀行（南昌）
- 廣東省銀行（廣州）
- 廈門勸業銀行（廈門）

（註）：1. 箭頭所指者爲接受箭尾銀行的投資者

2. 有★者爲尚在籌備中的銀行

至於日人戰時在中國投資的總額，日人賀屋的報告，可供參考。據賀屋於三十一年十二月二十八日在日本衆議院的報告，謂該年日人在「滿」華的投資爲二十一萬萬圓，佔日本擴充生產力的三分之一。同時，「七七」以後日人投資「滿」華的累計數字，據謂已達七十二萬萬圓左右。可惜我們以材料不全，調查困難，一時尚無法估計出確實的數字，姑俟將來再作補充。

三　美國在華之投資

美國戰前在中國投資的數額雖較英日兩國爲小，但它在中國投資的累積速度是僅次於日本的。「七七」事變以後，美國在中國的投資可以分爲淪陷區與大後方兩部份來說。在這幾年中間，美國在淪陷區的經濟利益自不免蒙受相當的損失與打擊，單以上海美國人的財產一項而論，損失即達美金二五、〇〇〇、〇〇〇元。他如長江的封鎖，日商的競爭，日本壟斷公司的設立，一般商業機構的破壞，都足以使第三國的經濟事業受到不利的影響。例如美商獨資經營的上海電力公司，即因日人設立的華中水電公司的競爭，而不得不縮小其營業的範圍。

不過在這時候，也有一些例外的事實值得我們指出。在上海及各淪陷區從事軍用品貿易的美國商行可以說都是獲利甚厚。美國的汽油公司營業尤佳，北方的汽車商行也沒有受到不利的影響。而自一九三八年夏天開始，英美烟草公司在北方的營業，事實上反大事擴充。一九三九年，計在北方各省售出的捲烟超過二十萬支，每月繳給北平僞政府的租稅達法幣四百萬元。這種特殊現象的發生，是由於游擊區與淪陷區的貿易因僞鈔發行關係而走到易貨制度，而捲烟適成爲易貨的媒介之故。但從大體說來，美國在各淪陷區所受的損失是比所得的利益爲多的。

依照不完全的估計，美國在淪陷區的投資，銀行業方面約有一三八、七七五、〇〇〇美元，鐵路事業的投資約有二、三三四、五九八美元，其餘數字不詳。這還是一九四一年以前的估計。自從日美戰爭發生以後，美國在淪陷區投資的事業，事實上已不復爲美國商人所經營，但是否已爲日人全部沒收則尙在不可知之數。

其在大後方的投資，除了中美合辦的中國航空公司和極少數美商貿易商行遷入內地，及克第斯來特（Curtiss-Wright）公司在××邊境設立了一個××飛機廠，資本爲美金四百萬元外；主要的是貸給國民政府以多次的借欵，協助中國進行對日的抗戰。其借欵情形略如左列：

戰時美國對華貸欵表　（單位：美元）

時期	借款名稱	款額	利息	期限
一九三八年	中美桐油借款	二五、〇〇〇、〇〇〇	四厘五	五年
一九三九年	中美信用借款	一三、八〇〇、〇〇〇	六厘五	八年
	中美飛機公司借款	一五、〇〇〇、〇〇〇	五厘	五年
一九四〇年	中美滇錫借款	二〇、〇〇〇、〇〇〇	四厘	七年

一九四一年	中美鎢砂借款	二五、〇〇〇、〇〇〇	五厘二五	十年
	中美平準基金借款	五〇、〇〇〇、〇〇〇		
一九四二年	中美信用借款	五〇〇、〇〇〇、〇〇〇		

從上表，我們可以看出美國在中國抗戰第一年尚未借款予中國。二十七年至二十九年中間，平均每年亦不過借給四千萬美元的借款，但還要計較利息，限定償還的期限。到了三十年，由於中美關係的進步，借款到了五千萬美元信用性質的平準基金貸款。一直到太平洋戰事發生，中美兩國在太平洋的利害趨於一致時，美國才來了一個空前的傑作，給予中國以無條件的信用貸款美金五萬萬元，這一個數目及其條件的優異，在中國外債史上可說是前所未有。可惜自一九四二年以來，中國國際路線瀕於斷絕，中美交通的困難達於極點，因而這筆借款幾於無法動用，至今還不曾能換成物資，使中國得到若干實惠。

四　英國在中國之投資

英國在中國資本市場上，一向是以富紳的姿態出現，它歷年在中國的投資都居於領導的地位。直至戰前數年，才由日本趕到前面。但只是它投資的累積速度甚慢，在戰前即已漸呈萎縮的狀態。戰時英國在中國的投資，其消長情形與美國極為相似。而在太平洋戰爭爆發之前，英國為維護其在淪陷區的原有利益，更不惜以天津的白銀協定，上海的海關移交，以及滇緬路的封鎖等手段遷就日人。據估計，在一九一四年以前英國在中國的直接投資中，銀行投資約為七、一四四、二六〇英鎊，又二〇、〇〇〇、〇〇〇港幣；鐵路投資約為二六、二六一、八八三英鎊，其他數字不詳。這一個估計是以淪陷區為主體的。

其在大後方的投資，除去一二合辦公司如中福煤鑛公司，及一二英商銀行如匯豐銀行移至自由中國繼續營業外，可說是並沒有直接的投資。但是英國對中國的借欵則是自二十六年起始的，自二十六年，而二十七年，二十八年，二十九年，三十年，以至三十一年，每年都有若干數額的借欵貸予中國，其情況略如下表：

戰時英國對華貸欵表　（單位：英鎊）

時期	借款名稱	款額	利息	期限
一九三七年	中英整理內債借款	二〇、〇〇〇、〇〇〇	五厘	二十年
	中英廣梅鐵路借款	三、〇〇〇、〇〇〇	五厘	十五年
	中英浦信鐵路借款	四、〇〇〇、〇〇〇	五厘	
	中英滇緬鐵路借款	一〇、〇〇〇、〇〇〇	五厘	十年
一九三八年	中英商業信用借款	五〇〇、〇〇〇	四厘五	八年

一九三九年	中英幣制借款	三、〇〇〇、〇〇〇	五厘	八年
	中英外匯基金借款	五、〇〇〇、〇〇〇	二厘七五	
	中英商品借款	三、〇〇〇、〇〇〇	五厘	五年
一九四〇年	中英新借款	一〇、〇〇〇、〇〇〇	六厘二五	五年
一九四一年	中英平準基金借款	五、〇〇〇、〇〇〇		
	中英信用借款	五、〇〇〇、〇〇〇		
一九四二年	中英信用借款	五〇、〇〇〇、〇〇〇		

從上表我們可以看出英國是中國戰時的第二位債主，它最後一筆信用貸欵的數額僅較美國的五萬萬美元信用借欵略小一些。同時英國戰時對華貸欵也和美國一樣，以太平洋戰爭為轉捩點，在太平洋戰爭爆發後的一年，才開始貸予中國以較大數額的借欵。

五　蘇聯在華之投資

蘇聯在中國的投資，是以殊特的姿態出現。在帝俄時代，俄國原是中國的一個大投資者；但自從共產黨執政成立蘇維埃社會主義聯邦以後，由於種種原因：它首先放棄對華各種不平等條約，並將帝俄時代在華的遺產——中東鐵路轉讓予日本，除去新疆，外蒙有一些蘇聯投資外，在戰前蘇聯在中國內地可說是並無直接與間接的投資。「七七」事變發生，蘇聯因同情中國的對日抗戰，先後對中國簽訂易貨借款，從經濟上加強中國的作戰力量。其情況如下：

戰時蘇聯對華易貨借款表　（單位：美元）

時期	借款名稱	款額	利息
一九三八年	中蘇第一次易貨借款	五〇、〇〇〇、〇〇〇	六厘七五
一九三九年	中蘇第二次易貨借款	五〇、〇〇〇、〇〇〇	七厘
一九四〇年	中蘇第三次易貨借款	一五〇、〇〇〇、〇〇〇	
	中蘇第四次易貨借款	五〇、〇〇〇、〇〇〇	

蘇聯的四次易貨借款，共為美金三萬萬元，居戰時外國對華貸款的第三位。不僅如此，這四筆借款均在太平洋戰爭爆發之前，在那時候，英美兩國借款的數額尚不甚鉅，而中國卻正切需外來資金的協助，所以這三萬萬美元的借款對中國的貢獻特大。不過，自從蘇德戰爭爆發，蘇聯自顧不暇，本身已為求援乞助的國家，自無力對外投資。大致在歐洲戰爭結束之前，蘇聯不僅不能到中國來從事直接投資，即連繼續對華易貨貸款，亦非易事。

六　德法及其他各國在華之投資

德國在中國的投資地位，在第一次歐戰後曾呈一落千丈之勢。直至希特勒登台執政，國內經濟漸見復興，與中國的商務關係亦漸密切。中日戰爭發生初期，因德日原爲軸心盟友，日人對德國在華資產特別加意保護，故損失較英美爲小。而在太平洋戰爭之前，德國正實行其多邊外交政策，尋求經濟利益，毫無敵友之分。當時對中國係持「物換」的政策，對「僞滿」復採用「特別補償馬克」的方法，結果德國在中國的投資據白魯黑的估計，一九三七年即達十萬萬馬克之多。如此的關係持續有一年之久。一直到一九三八年秋季，由於外交政策的轉變，與中國國民政府疏遠，改以「僞滿」及中國淪陷區爲其經營與投資的對象，日人亦以最惠國的情形優待德國。此時「僞滿」的所謂五年建設計劃，亟須借助外國的財力與物力，遂於一九三八年九月與德國訂立新商約，向德國大舉借款。同時，德國又在淪陷區內伸張其「經濟合作」的工作，北方的棉花，羊毛，花生三項，輸往德國的至今不絕，德國的禮和洋行(Carlaurtz and Company)並與「僞華北臨時政府」訂有物物交換辦法，但其詳細情形，目前尚無資料可資參考。

德國在大後方的投資，戰時亦曾有少數的貸款。德國曾於二十八年與中國訂立中德貿易借款，貸給中國約合法幣一萬二千萬元，利息六厘，限期七年。但在太平洋戰爭爆發，中國對日，德，意三國宣戰之後，中德已斷絕邦交，不復有借貸的關係。

法國原也是中國的一個重要投資者。第一次大戰以前，法國在中國的投資額，僅次於英，日，俄三國。歐戰後才落在美國的後面，但它還是經常不斷地給予中國貸款。「七七」事變之後，法國曾先後對中國貸予金融等借欵，其中以鐵路借欵較多。情況略如左列：

戰時法國對華貸欵表　（單位：法郎 英鎊）

時期	借款名稱	款額	利息	期限
一九三七年	中法金融借款	四〇〇、〇〇〇、〇〇〇法郎	七厘二五	
一九三八年	中法桂滇鐵路借款	一五〇、〇〇〇、〇〇〇法郎	七厘	十二年
	中法敍昆鐵路借款	四八〇、〇〇〇、〇〇〇法郎	七厘二五	十五年
一九三九年	中法材料信用借款	一、五〇〇、〇〇〇英鎊	六厘	七年

從上表，我們可以看出在巴黎尚未陷落，中國抗戰初期，法國對於中國的借欵，爲數尙有可觀，惟期限不長，利息特高。至於「七七」以後法國在中國淪陷區原有資產所受的損失，大致與英美兩國相同，難望例外，而自第二次世界大戰爆發德軍攻入巴黎以後，法國在事實上已成爲德國的附庸，一切行爲均受德國的控制，自不再有對華投資的自主能力。

至於其他各國中，値得敍述的只有意大利，荷蘭，捷克，比利時等國。其中以比利時戰時在中國投資的數額較大，它並於一九三九年對中國國民政府貸出材料借欵二千萬英鎊。捷克在戰前在中國原沒有什末投資，在一九三七年時卻也貸給中國以商業信用借欵一千萬鎊，利息五厘一，期限八年。意大利及荷蘭兩國戰時對中國並無貸欵。這四個國家，現在大都為德國所掌握，其對中國淪陷區的投資，大致與德國進展的程度相似，不過在數量上至多也佔不到戰時外人在華投資總額的百分之四或五，在事實上也許還要受到軸心國家的控制。

七　結語

戰時各國在中國投資的情形，大致有如以上所述。大致說來，戰時外人在華的投資，在投資主體上有敵國與友國之分；在投資區域上有淪陷區與大後方之別。

在淪陷區方面，日人利用其軍事與政治的勢力，成立為虎作倀的偽政府組織，設立獨佔與壟斷的國策會社，在佔領區盡情搜括，奪取中國的資源，企圖控制整個的中國經濟命脈，以實現其傳統的大陸政策的陰謀。日人為圖開發中國原有的富源，使用中國沿海已有的工業基礎，又不得不大量增加資本，以進行其建設的工作，然而日本是一個先天不足的國家，竭盡了它所有棉薄的結果，也只不過如賀屋去年的報告，戰時日本在華投資的總額一共是七十二萬萬日圓。如以這個數額折合美金，才不過三萬六千萬美元，還及不上一九四二年美國對華信用借欵五萬萬美元的百分之七十五，我們可以看出日人的資力是如何薄弱。於是不能不仰仗其軸心的伙伴德國等，希圖吸引其大量投資，以便協助其開發戰地，榨取資源。由於日人在淪陷區投資的目的，在於榨取戰區中國的資源，所以與其說它是投資，毋甯說它是掠奪。這是戰時外人在華投資的主要特點之一。

在大後方方面，一則由於抗戰以來軍事行動的演變，中國內地的情況尚在變動過程之中；一則由於沿海口岸的被佔，國際交通，隨時有被阻隔與遮斷的危險，因而至今還不曾能鼓勵外人在內地大量直接投資。只有並肩作戰的友邦先後不斷給予中國以各項借款，從經濟上加強中國作戰的力量，使中國能在萬分艱難困苦中禦抗強敵以至於七年之久，而且愈戰愈強。這是我們值得重視的偉大的友情！同時，這也是戰時外人在中國投資的另一主要特點。在這一方面所得到的外資，我們可以把它歸納如下：

戰時各國對華貸款一覽（一九三七——四二年）

國別	金額	折合美金數	百分比
美國	六四八、八〇〇、〇〇〇美元	六四八、八〇〇、〇〇〇	四一・一
英國	一一八、五〇〇、〇〇〇英鎊	四七四、〇〇〇、〇〇〇	三〇・一
蘇聯	三〇〇、〇〇〇、〇〇〇美元	三〇〇、〇〇〇、〇〇〇	一九・〇
比利時	二〇、〇〇〇、〇〇〇英鎊	八〇、〇〇〇、〇〇〇	五・一
捷克	一〇、〇〇〇、〇〇〇英鎊	四〇、〇〇〇、〇〇〇	二・六

法國	一、〇三〇、〇〇〇、〇〇〇法郎 一、五〇〇、〇〇〇英鎊	二八、六〇〇、〇〇〇	一・八
德國	一二〇、〇〇〇、〇〇〇法幣	六、〇〇〇、〇〇〇	〇・三
合計		一、五七七、〇〇〇、〇〇〇美元	一〇〇・〇

（註）折合率：一英鎊合法幣八十元
一美元合法幣二十元
一法郎合法幣四角四分

以上是就戰時各國對華貸款作一比較，當中不包含美國的租借法案，因為租借法案的借貸，係偏於軍事作戰方面，性質比較特殊，我們當另加討論。就截至目前為止的情況而論，借款給中國最多的要算美、英、蘇三國，第一是美國，第二是英國，第三是蘇聯，成為四、三、二的比例；其餘德、法、比、捷等國合起來還只不過佔到十分之一而已。這就清楚說明了同盟聯合國的中、英、美、蘇四國的友誼，與唇齒相依的關係。我們希望在戰爭勝利之後，美、英、蘇三大友國仍然繼續目前協助中國對日抗戰的精神，在將來，再以大量的資金技術與人才協助中國進行工業建國的工作。